Flower Knitting

フラワーニッティング

棒針で編む かわいい花と実のモチーフ **100**

伊吹広子
Hiroko Ibuki

Prologue　はじめに

　「編み込みのパターン集を作りましょう。すべて花がモチーフの」ということ
が決まったときに心に浮かんだのは家族のこと。いつも温室のようなガラス張
りの部屋で絵筆を片手に花を描いていた祖母、庭いじりが好きで「庭の花を部
屋にいけなさい」と教えてくれた父、花屋さんへ行っては珍しい苗を見つけど
んどん庭に植えていた母、そんな家族に育てられた私ももちろん花が好き。そ
して私の花の表現は毛糸で花を編み込むこと。

　今まで植物の色や形を撮りためてきた写真を見ると、どれも花屋さんに並ん
でいるような花ではなくお散歩の途中に見かけるような日々の花ばかり。そん
な身近な花たちもよく見ると幾何学的だったり、絶妙なカラーグラデーション
だったり、葉っぱや花びらの形も千差万別。あぁ、楽しい！と手を動かして
100枚の編み地ができました。

　小さな編み地を1枚編んで額に入れて飾ってもよいし、好きなパターンを選
んでウェアや巻きものを編むのも楽しそうです。「観て」「考えて」「手を動かす」。
シンプルだけれどいつまでも続く課題です。

　さぁ、101枚目を編むために今日もお散歩へ！

伊吹広子

| バラのつぼみ | ワスレナグサ | キノコと苔 |
| ポピー | スズラン | レッドカラント |

この本について

　この本には100枚のパターンを掲載しています。小さな花をくり返し編み込んだもの、花をクローズアップして大きな花にしたもの、小さな模様を横に並べて段々にしたもの、伝統的な模様をアレンジしたもの、刺繍を加えたものなど技法もさまざまです。

　そのパターンを使って「例えばこんなものが作れます」と作品も編んでみました。どの作品も「私ならば」という糸のチョイスと色で編んでみたけれど「あなただったら？」。

　どうぞ自由にパターンを入れ替えて自分に似合う色にして編んでみてください。好みに合わせて変えやすいようにウェアの形はほとんどが長方形をつないだものにしています。そして毎日の生活が明るく楽しくなる簡単で作りやすい小物もたくさん掲載しています。

スワッチページについて

- スワッチの隣のページに編み図を掲載しています。スワッチは丸まらないように縁にガーター編みをつけていますが、編み図は縁を除いた図になります。
- くり返し模様は部分的な編み図、またはリピートがわかりやすいように大きな編み図を掲載しているものもあります。
- カットしておく編み込みの糸の長さは目安です。糸によっても長さが異なります。試し編みをして、編んだものをほどいて長さを測り、自分の長さを出しましょう（39ページ参照）。
- 10目、10段ごとに太線にしていますので目安にしてください。
- 色違いのスワッチは、糸の色番号のみを掲載しています。
- 6、27、44、70、122ページの編み方の解説写真も参考にしてください。

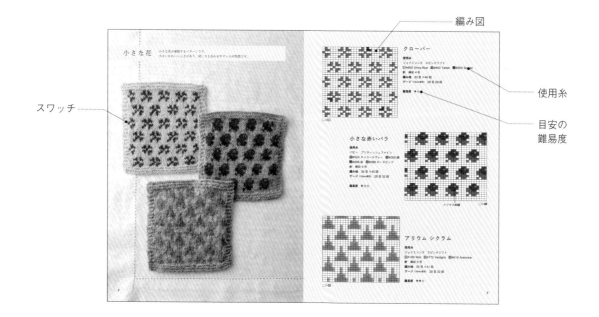

Contents もくじ

小さな花

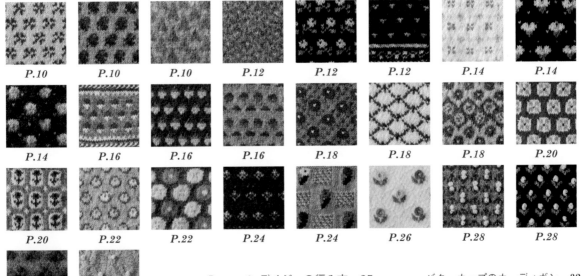

大きな花

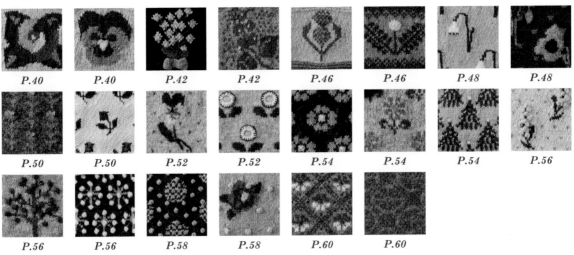

フルーツ

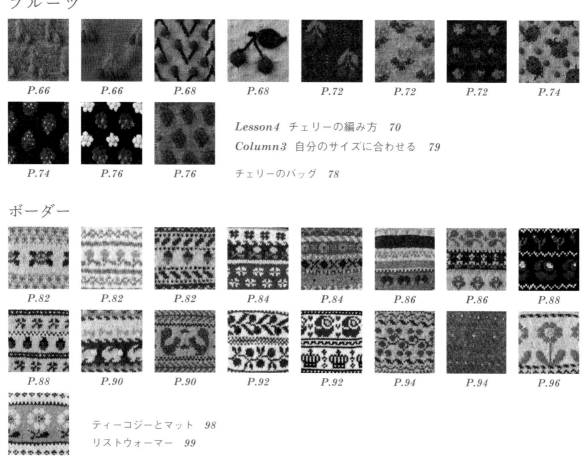

ボーダー

1色模様

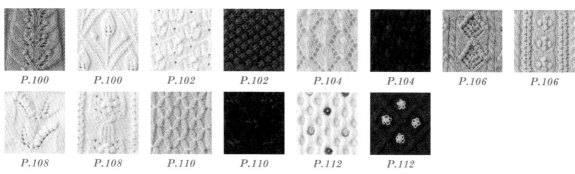

道具

この本で使っている基本的な道具を紹介します。

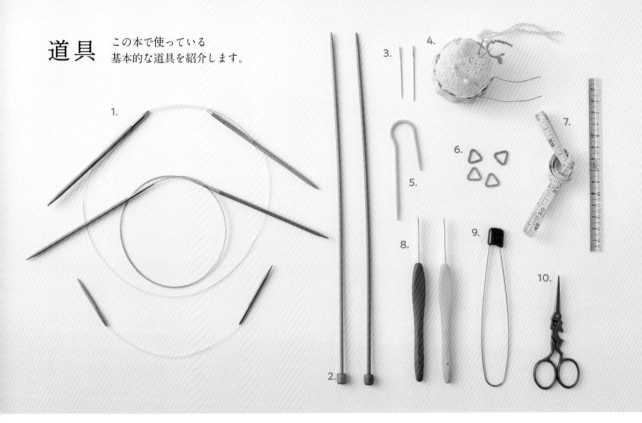

1. 輪針 棒針をコードでつないだ輪編みに使う針。往復編みに使ってもかまいません。ウェアを編むときはコードの長いもの、ハンドウォーマーなどは短いもの、目数に合わせて長さを選びます。

2. 2本棒針 往復編みに使います。さまざまな素材の針があるので、自分に合ったものを選んでください。

3. 刺繍針 毛糸が通る先がとがった刺繍針。編み地をとじたり接ぎ合わせたり、糸始末をするときに使います。

4. ピンクッション、まち針、縫い針 まち針は編み地同士をとめるときなどに使います。縫い針はフェルトやビーズをとめたり、仕立ての際に使います。

5. 縄編み針 交差模様を編むときに使います。交差したい目に通して休めておいてから編みます。

6. 目数リング 目数の目印として、棒針に通して使います。

7. メジャー、定規 ゲージや編んだものを測るときに使います。

8. かぎ針 先がフック状で毛糸を引っ掛けられるようになっているので、編み地同士をとじるときや玉編みに使用しています。

9. ほつれ止め 編んでいる途中の編み地を休ませるときに使います。糸などで代用してもかまいません。

10. はさみ 糸を切るときは小さいもので十分です。バッグの中袋などの布を裁つときは、裁ちばさみなどを使います。

そのほかにアイロンやアイロン台なども用意しておきます。

アイロンのかけ方 編み終わったら必ずアイロンをかけましょう。編み目が整いきれいになります。

1 アイロン台に編み地の裏を上にして置き、形を整えてまち針で止めます。

2 スチームアイロンを浮かせて表面だけをかけるようにします。そのまま編み地を冷まします。

3 完成です。編み目が整い、模様もきれいに出るようになります。この状態でゲージを測ります。

材料

この本で使っている糸を紹介します。手芸店やネットショップなどで購入できます。問い合わせ先は192ページをご覧ください。

Puppy

1. パピーニュー2PLY　2. アルバ　3. モナルカ
4. キッドモヘアファイン　5. シェットランド
6. ブリティッシュファイン　7. チャスカ

ROWAN

8. フェルテッドツイード　9. キッドシルクヘイズ

Jamieson's

10. シェットランド スピンドリフト

スワッチではブリティッシュファイン（上）とシェットランドスピンドリフト（下）をメインに使用しています。どちらもイギリスの糸で質感や見た目は似ています。スピンドリフトは水通しをすることで繊維同士が絡まります。

水通しのしかた

編み終わったらラベルの裏の表記を確認して水通しをします。水通しをすることで油や汚れが落ち、ふんわりとします。

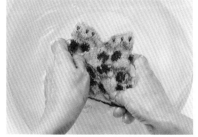

1 ぬるま湯につけてフェルト化させたいときはもみ洗いをして、ウェアのときは静かに押し洗いをします。

2 タオルドライをします。タオルにはさんで優しく押して水分をとります。あとは平らにして陰干しをします。

before　after

3 編み地がふんわりとし、目が整います。

基本の編み込みのしかた

糸を横に渡す編み方と縦に渡す編み方があります。どちらも裏に渡る糸がつれたり緩んだりしないように一定の引き加減で編むようにします。横に長い距離（5cm以上）を渡す場合は、途中で糸をおさえます。

横渡し

1 10ページの小さな赤いバラの葉の部分を編みます。色を変える手前の目まで編みます。

2 次の目を緑に変えるので、後ろで糸を交差させます。地色のグレーを上、編み込み色の緑を下にします。

3 編み図の通りに緑で2目編み、グレーで1目、緑で1目編みます。常に地色が上で編み込み色が下になります。

糸をおさえる

1 花の糸が長く渡る部分を裏編みで編みます。6目間があくので3目地色で編んだら、次の目を編む前に地色と編み込み色を交差させます。

2 そのまま地色で編み図通りに編みます。このように1目おさえることで引き加減が一定になりやすく、使うときも糸が引っかかりにくくなります。

縦渡し

1 54ページのひな菊の茎の部分を縦渡しします。茎の1目手前まで編みます。

2 後ろで地色の水色と茎の緑を交差させます。地色が下、編み込み色が上になります。

3 次の目もまだ地色なのでそのまま編みます。

4 編み込み色の緑に持ち変えて1目編みます。裏では地色が上になっています。

5 地色の水色を下から渡して持ち替え、端まで編みます。

6 裏ではこのよう糸が渡っています。編み目にそのまま縦に渡すのではなく、1目手前で糸を交差させておくのを忘れないようにしましょう。

1　刺繍針に糸端を通します。

2　同じ色の糸に通します。糸の下に通すのではなく、糸を割って間を通します。

3　最後に手で糸をぎゅっと引いてから少し押し下げるようにします。こうすることで表の目がちょうどいい大きさになります。余分な糸はカットします。

Point

この本の編み込みは、あらかじめ必要な長さに糸をカットしておくパターンがあります。最初に糸をカットしておく手間と糸始末は多くなりますが、渡る糸が少なくなり、からまずに編みやすくなります。39ページも参照してください。

スワッチの編み図記号一覧

100枚のスワッチに使っている編み図記号です。編み方は写真解説と編み方の図解をご覧ください。

棒針

□①	表目	⟋	左上３目一度
−	裏目	⟍	右上３目一度
○	かけ目	⟰	中上３目一度
⟐	ねじり目	⟋	左上２目一度
⟐	裏目のねじり目	⟍	右上２目一度
●	伏せ目	⟋⟍	右上３目一度
Ⓦ	巻き増し目	⟋⟍	右上５目一度
		⟋⟍	右上７目一度

d2⌑⌑−−−⌑⌑b　７目２回巻きのスモッキング
d5⌑⌑⌑⌑⌑b　６目５回巻きのスモッキング
⟐3⟐−○⟐○b　５目３回巻きのスモッキング
⌑⌑⌑○　３目の左目に通すノット

⟋5⟍ = ⌑○⌑○⌑　編み出し増し目

玉編み
かぎ針で引き抜く

くさり編み１目
右上５目一度
⌑⌑⌑⌑⌑ = ⌑○⌑○⌑　編み出し増し目
編み出した目に引き抜く

かぎ針

⟋⟍	左上１目交差
⟍⟋	右上１目交差
⟋⟍	左上１目交差（中央に裏目１目入る）
⟋⟍	右上３目交差
⟋⟍	左上３目交差
⟋⟍	右上３目と１目交差
⟋⟍	左上３目と１目交差
⟋⟍	左上１目と３目交差
⟋⟍	右上１目と３目交差
⟋⟍	右上２目交差
⟋⟍	左上ねじり１目交差（下側が裏目）
⟍⟋	右上ねじり１目交差（下側が裏目）

かぎ針

⌒	くさり編み
⬥	中長編み２目の玉編み
⬥	中長編み３目の玉編み
⬥	長編み２目の玉編み

トリニティステッチ

⟋3　３目一度と１目から３目編み出し増し目
3⟍　

※棒針の玉編みは、編み地を返しながら往復編みをして玉編みを作り、針に戻して編み進む左図の編み方（編み図上は１段）と、67・69ページのチェリーのように何段かに渡って編む編み方がある。

小さな花

小さな花が連続するパターンです。
小さいかわいらしさがあり、何にでも合わせやすいのが特徴です。

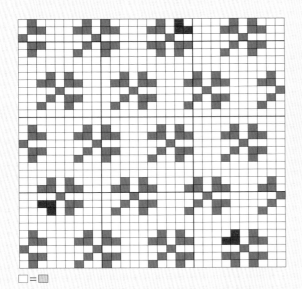

□=▨

ク ロ ー バ ー

使用糸
ジェイミソンズ　スピンドリフト
▨#655 China Blue　■#800 Tartan　■#500 Scarlet
針　棒針4号
編み地　33目×40段
ゲージ（10cm四方）　28目28段

難易度　★☆☆

小 さ な 赤 い バ ラ

使用糸
パピー　ブリティッシュファイン
■#024 チャコールグレー　■#055 緑
■#006 赤　■#068 ローズピンク
針　棒針4号
編み地　36目×40段
ゲージ（10cm四方）　28目32段

難易度　★☆☆

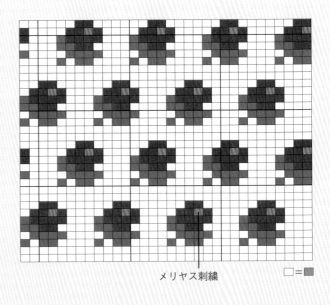

メリヤス刺繍　　　　　□=■

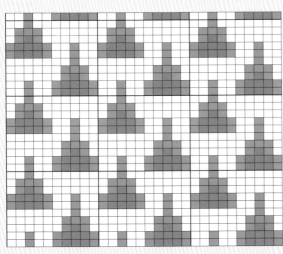

□=▨

ア リ ウ ム シ ク ラ ム

使用糸
ジェイミソンズ　スピンドリフト
▨#180 Mist　■#772 Verdigris　■#616 Anemone
針　棒針5号
編み地　35目×41段
ゲージ（10cm四方）　28目32段

難易度　★★☆

タイニーガーデン

使用糸
ジェイミソンズ　スピンドリフト
■#315 Heron　□#390 Daffodil　■#188 Sherbet
□#259 Leprechaun
針　棒針5号
編み地　33目×38段
ゲージ（10cm四方）　28目30段

難易度　★★☆

Point
細かい横渡りの編み込み模様は伸
びにくいので、ウェアには向かな
いけれど小物にはぴったり！

□=■

バターカップ

使用糸
パピー　ブリティッシュファイン
■#003 紺　□#066 黄　■#080 黄緑
針　棒針5号
編み地　34目×38段
ゲージ（10cm四方）　26目30段

難易度　★☆☆

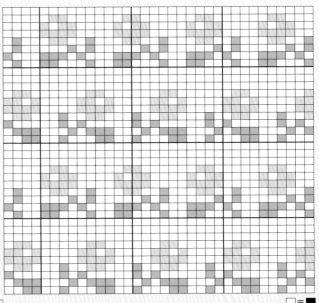

□=■

バターカップのボーダー

使用糸
パピー　ブリティッシュファイン
■#003 紺　□#066 黄　■#080 黄緑
針　棒針5号
編み地　30目×34段
ゲージ（10cm四方）　28目30段

難易度　★☆☆

ダブルラトビアンブレード（124ページ参照）

□=■

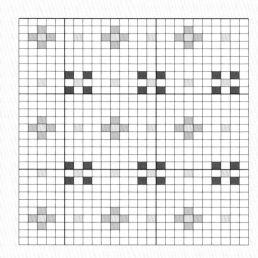

ワスレナグサ

使用糸

ジェイミソンズ　スピンドリフト

☐#104 Natural White　☐#390 Daffodil　■#676 Sapphire

☐#929 Aqua

針　棒針4号

編み地　33目×42段

ゲージ（10cm四方）　28目32段

難易度　★☆☆

ヴィオラ

使用糸

ジェイミソンズ　スピンドリフト

■#999 Black　■#616 Anemone　☐#785 Apple

☐#400 Mimosa　☐#770 Mint

針　棒針4号

編み地　35目×42段

ゲージ（10cm四方）　28目34段

難易度　★☆☆

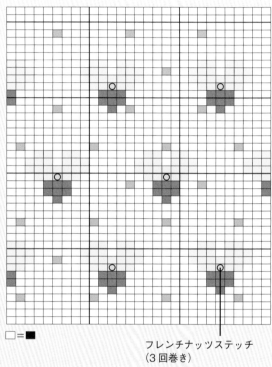

☐＝■

フレンチナッツステッチ
（3回巻き）

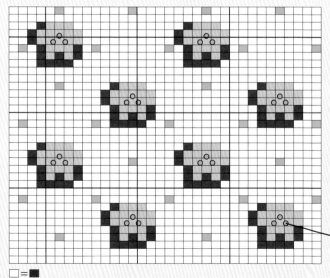

プラム

使用糸

パピー　ブリティッシュファイン

■#012 墨黒　■#085 ネオンピンク　☐#080 黄緑

☐#031 ピンク

針　棒針4号

編み地　34目×42段

ゲージ（10cm四方）　30目34段

難易度　★☆☆

フレンチナッツステッチ
（1回巻き）

☐＝■

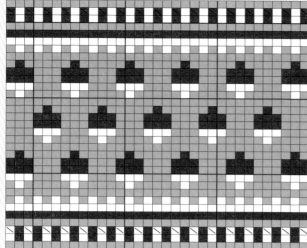

キノコ

使用糸
パピー　ブリティッシュファイン
■#009 グレー　□#001 白　■#006 赤

針　棒針4号
編み地　33目×33段（12.5×15cm）
ゲージ（10cm四方）28目36段

難易度　★☆☆

ラトビアンブレード（124ページ参照）

フレンチナッツステッチ（2回巻き）

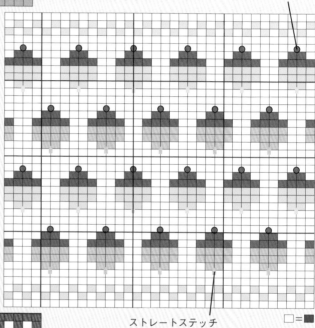

どんぐり

使用糸
ジェイミソンズ　スピンドリフト
■#788 Leaf　□#342 Cashew
■#1190 Burnt Umber　□#365 Chartreuse

針　棒針4号
編み地　34目×39段
ゲージ（10cm四方）26目32段

難易度　★☆☆

ストレートステッチ

□ = ■

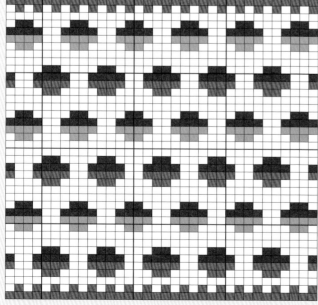

□ = ■

Point
同じような模様は、段数
や刺繍で違う雰囲気に！

コケモモ

使用糸
ジェイミソンズ　スピンドリフト
■#180 Mist　■#540 Coral　■#585 Plum
■#188 Sherbet

針　棒針4号
編み地　34目×40段
ゲージ（10cm四方）27目30段

難易度　★☆☆

カメリア

使用糸

パピー　アルバ　　■#1094 ダークグレー　　■#5139 赤

パピー　ブリティッシュファイン　　■#035 マスタード

■#055 緑

針　棒針6号

編み地　33目×36段

ゲージ（10cm四方）　26目30段

難易度　★☆☆

□=■

メリヤス刺繍　クロスステッチ

ラトビアンラティス

使用糸

ジェイミソンズ　スピンドリフト

□#104 Natural White　□#390 Daffodil

■#500 Scarlet　■#710 Gentian

針　棒針5号

編み地　33目×40段

ゲージ（10cm四方）　28目28段

難易度　★☆☆

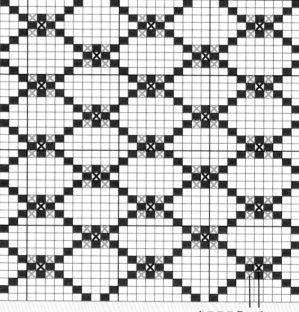

クロスステッチ

Point

刺繍を加える編み地は、アイロンと糸始末をして整えてから刺繍をしましょう。

□=■

クロスステッチ

ジグザグと小さな花

使用糸

パピー　ブリティッシュファイン

□#040 ベージュ　□#066 黄　■#024 チャコールグレー

■#068 ローズピンク

針　棒針4号

編み地　35目×40段

ゲージ（10cm四方）　30目32段

難易度　★★☆

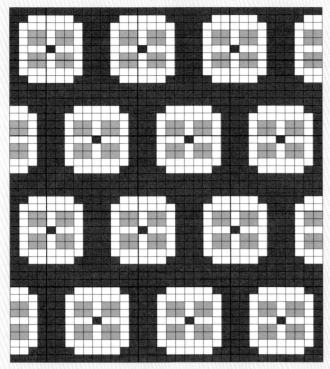

ナデシコ

使用糸
ジェイミソンズ スピンドリフト
■#585 Plum　■#599 Zodiac　□#104 Natural White
■#180 Mist
針　棒針 5 号
編み地　34 目 ×47 段
ゲージ（10cm四方）　29 目 28 段

難易度　★☆☆

小さなポピー

使用糸
パピー ブリティッシュファイン
■#009 グレー　■#006 赤　□#001 白　■#008 黒
■#007 群青
針　棒針 5 号
編み地　33 目 ×36 段
ゲージ（10cm四方）　30 目 30 段

難易度　★☆☆

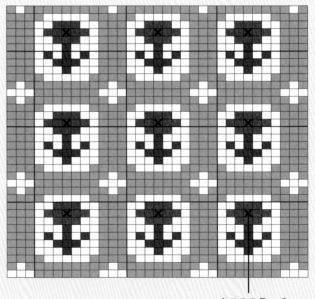

クロスステッチ

a

b

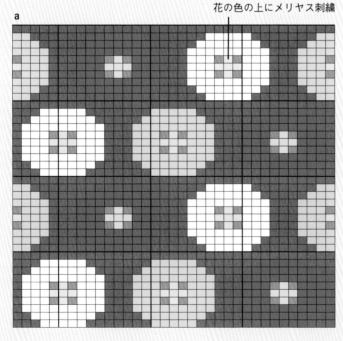

ストレートステッチ　　　花の色の上にメリヤス刺繍

小さな丸い花

使用糸

パピー　ブリティッシュファイン

□#010 ライトグレー　　□#031 ピンク

■#068 ローズピンク　　□#001 白

□#073 ライトイエロー　■#087 ネオンオレンジ

■#085 ネオンピンク

針　棒針5号

編み地　36目×38段

ゲージ（10cm四方）　30目30段

難易度　★★☆

花の色の上にメリヤス刺繍

ブルーポピー

a

使用糸

パピー　ブリティッシュファイン

■#024 チャコールグレー　□#074 水色

■#091 ピスタチオ　　　□#001 白

□#086 ネオンイエロー　■#092 ターコイズ

針　棒針5号

編み地　35目×40段

ゲージ（10cm四方）　30目34段

b

使用糸

ジェイミソンズ　スピンドリフト

■#710 Gentian　□#780 Lime　■#772 Verdigris

■#616 Anemone　■#540 Coral　□#769 Willow

針　棒針5号

編み地　35目×40段

ゲージ（10cm四方）　32目34段

難易度　★☆☆

※編み込みは、花芯は35cm、花は125cmに糸を
カットしておく

ノット　　　　ビーズ

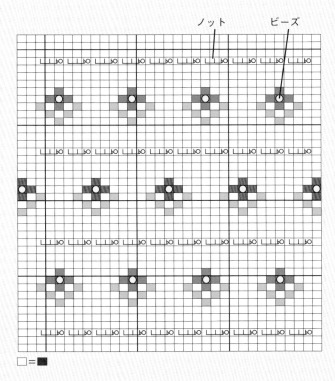

□ = ■

小さな花とノット編み

使用糸

ジェイミソンズ　スピンドリフト

■#599 Zodiac　　□#259 Leprechaun　　■#188 Sherbet

■#617 Lavender

その他

ビーズ TOHO 丸大 No.42

針　棒針 4 号

編み地　33 目 × 42 段

ゲージ（10cm 四方）　28 目 32 段

難易度　★☆☆

※3 目の左目に通すノットの編み方は 127 ページ参照

※3 目の左目に通すノットの編み方は 127 ページ参照

> **Point**
> ビーズはアイロンと糸始末を終え
> て編み地を整えてから、縫い糸で
> しっかりと縫いつけましょう。

ビーズ

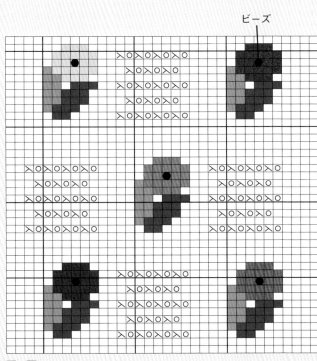

□ = ■

小さな花と透かし編み

使用糸

パピー　アルバ

■#1087 ベージュ　　□#1109 黄　　■#5139 赤

■#1265 オレンジ　　■#1170 ピンク　　■#1215 紫

■#1110 モスグリーン　　■#1185 緑

その他

ビーズ MIYUKI ドロップビーズ DP401

針　棒針 6 号

編み地　34 目 × 42 段

ゲージ（10cm 四方）　26 目 34 段

難易度　★☆☆

※編み込みは、花と緑の葉は 60cm、
　黄緑の葉は 55cm に糸をカットしておく

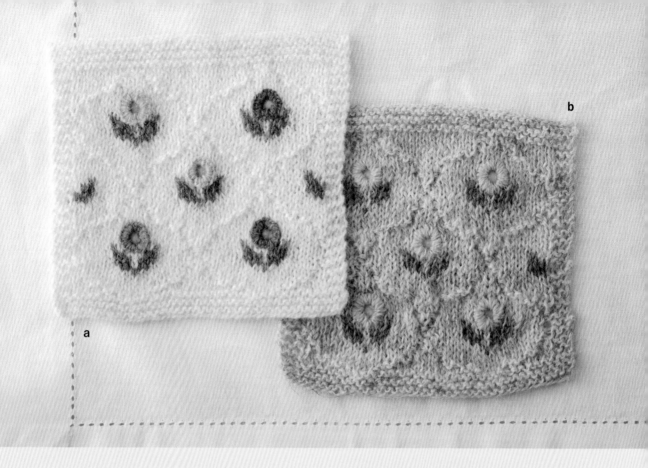

a

b

ラティス模様とデイジー

a
使用糸
ジェイミソンズ　スピンドリフト
□#104 Natural White　■#259 Leprechaun
花は好みの色
その他　フェルト　山吹色（洗ったもの）

b
使用糸
パピー　ブリティッシュファイン
□#021 ライトベージュ　□#031 ピンク　■#080 黄緑
その他　フェルト　白（洗ったもの）

共通
針　棒針4号
編み地　34目×38段
ゲージ（10cm四方）　28目36段

難易度　★☆☆

※デイジーの花の編み方は27ページ参照
※編み込みは、葉は55cmに糸をカットしておく

Point
透かし目1目を利用した簡単でかわいいテクニックです。刺繍の刺し方や色の選び方で雰囲気が変わるのを楽しみましょう。

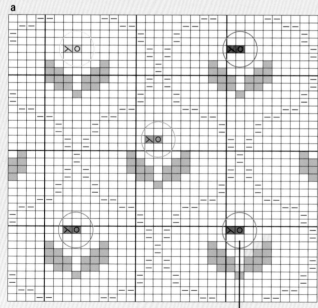

a

花の刺繍位置

1.5
裏にフェルトを重ねる

1.5
フェルトは2.5cmくらいで用意し、刺繍をしたあとで余分をカットする

a：外側にブランケット
ステッチ
キリッとはっきりとする

b：内側にブランケット
ステッチ
やわらかくふわふわする

デイジーの編み方

編み地自体はシンプルですが、刺繍を加えてデイジーに仕上げます。

1 デイジーの編み地は葉の編み込みと花の部分に穴があいた状態です。刺繍するサイズより大きなフェルトと刺繍用の糸を用意します。フェルトは縮んだり色落ちの可能性があるので洗っておきます。

2 花の穴の裏にフェルトを合わせてまち針で止めます。

3 穴から5mm離れた位置を縫い針と縫い糸でぐし縫いします。玉止めはフェルトの中に引き入れておくとよいでしょう。

4 刺繍針に糸を通しフェルトをひと針すくいます。玉止めはせず、このまま刺繍をします。糸の長さは30〜40cmを最長にし、それ以上は切れる場合があります。

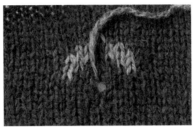

5 穴のきわに針を出します。ブランケットステッチ（ボタンホールステッチ）をします。

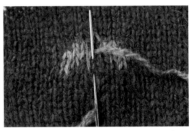

6 隣に針を入れ、縫い目を目安に垂直に編み地をひと針すくい、針先に糸をかけて針を引き抜きます。

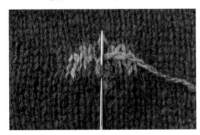

7 次もすぐ隣に針を入れて同様に刺します。隙間があかないようにつめて刺してください。

8 穴に沿って1周刺します。最後は裏のフェルトに針を出し、玉止めはせずにフェルトに糸を通してカットします。

9 余分なフェルトを丸くカットすれば完成です。

デイジーのいろいろ

花の外側に針を出し、内側に向けてブランケットステッチをしたタイプ。縁取りがないので、より優しい印象になります。

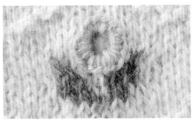

外側に向けてステッチをし、花の形がしっかりとするタイプ。

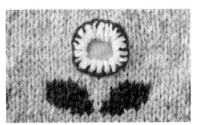

2段に刺繍をしたタイプ。白はつめて刺し、赤は白の途中から間をあけて刺します。

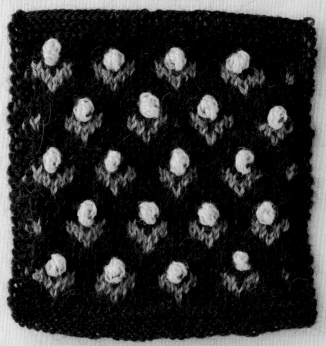

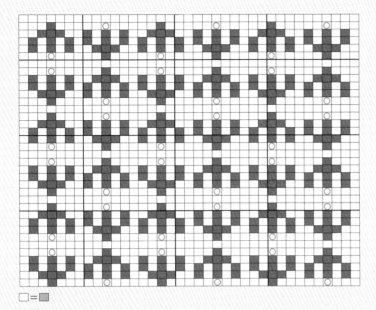

□ = ■

UP&DOWN タンポポ

使用糸
パピー　ブリティッシュファイン
■#009 グレー　■#055 緑　□#066 黄
針　棒針5号、かぎ針2/0号
編み地　47目×36段
ゲージ（10cm四方）　30目30段

難易度　★☆☆

※かぎ針で編む玉編みは123ページ参照

⊡ =　中長編み2目の玉編み　かぎ針2/0号

上向きは地色
下向きは玉編みの色

Point

かぎ針の玉編みはきつめに編み、横に渡す糸も緩まないようにするとよいでしょう。

プリムローズ

使用糸
パピー　ブリティッシュファイン
■#003 紺　■#080 黄緑　□#066 黄
針　棒針4号、かぎ針2/0号
編み地　33目×42段
ゲージ（10cm四方）　28目34段

難易度　★☆☆

※かぎ針で編む玉編みは123ページ参照

⊡ =　地色　中長編み2目の玉編み　かぎ針2/0号

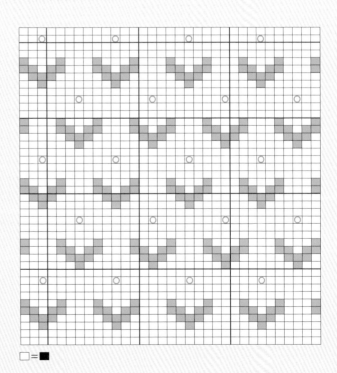

□ = ■

a

b

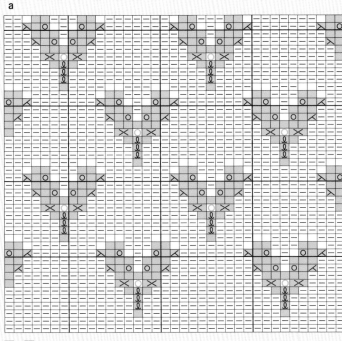

赤い実 アカネ

使用糸
パピー　ブリティッシュファイン
■#009 グレー　■#006 赤　■#022 こげ茶
針　棒針4号、かぎ針2/0号
編み地　33目×41段
ゲージ（10cm四方）28目38段

難易度　★☆☆

※かぎ針で編む玉編みは123ページ参照

Ⓞ = 地色
中長編み2目の玉編み
かぎ針2/0号

ストレートステッチ

□ = ■

ヤドリギ

a
使用糸
ジェイミソンズ　スピンドリフト
■#119 Mooskit/Sholmit　□#769 Willow
□#780 Lime
針　棒針4号、かぎ針3/0号
編み地　37目×42段
ゲージ（10cm四方）28目34段

b
使用糸
パピー　ブリティッシュファイン
□#001 白　■#091 ピスタチオ　■#055 緑
パピー　キッドモヘアファイン　□#2 白
針　棒針4号、かぎ針3/0号
編み地　37目×42段
ゲージ（10cm四方）26目34段
※地色はブリティッシュファイン#001と
　キッドモヘアファインの2本取りで編む

難易度　★★☆

※棒針で編む玉編みは122ページ参照
※編み込みは、ヤドリギは100cm、玉編みは45cmに
　糸をカットしておく

□ = ■　地は裏目で編む
　　　色が変わるときは地も表目で編む

Ⓞ 棒針の1段の玉編み
かぎ針で引き抜き
くさり編み1目
右上3目一度
引き出した目に
引き抜き
編み出し増し目
3 = I○I

31

12ページのバターカップのパターン
2枚をカーディガンにしました。前身
頃は左右1枚ずつ、後ろ身頃に1枚、
袖に左右1枚ずつの長方形だけをつ
ないでいます。しっかり編み込みを
するのでカーディガンの形はシンプ
ルにアイデアで勝負です。
how to make...P.130

ふわっとまとうだけで暖かく、や
さしい色が落ち着くデイジーの
ショール。32ページのカーディ
ガンと同じ長方形を接ぎ合わせる
形の袖がないタイプです。パター
ンを変えて、袖をなくすだけでず
いぶん印象が変わります。
how to make...P.133

ニットの形

この本ではパターンを楽しく編むためにいろいろな工夫を考えています。ニットの形もそのひとつ。セーターの増し目、減らし目などはなるべく使わず、まっすぐ編んで接ぎ合わせれば模様を気にすることもなくスムーズに編み進められます。編み込み模様のかわいさを存分に楽しめます。

長方形を接ぎ合わせるだけのショールとカーディガンです。ショールは3枚、カーディガンは5枚の長方形を接ぎ合わせます。前身頃を後ろ中心で突き合わせ、襟も兼ねるようなデザインです。

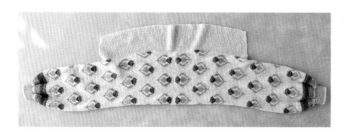

長方形2枚を接ぎ合わせて作るマーガレット。後ろ中心で2枚を接ぎ合わせ、左右の袖はそれぞれ袖下をとじます。最後に襟と袖口を編めば完成です。

フードつきのスズランのショールは大作なので時間はかかりますが、これも基本は長方形から作ります。左右2枚を長い長方形に編み、頭のマチ部分から2枚をつないで一緒に編んでいきます。頭部分は減らし目と増し目がありますが、形がシンプルなので迷わずに編めます。

バルーンのようなユニークな形です。これも長方形に編む段階で襟ぐりだけ左右に分けて編むだけです。最後に片方の袖口と襟の目を拾ってそれぞれ編めば完成です。

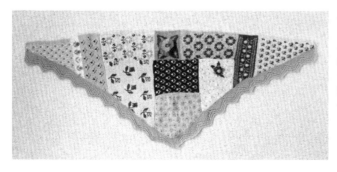

スワッチのかわいさを作品にしたいという考えから生まれた、パッチワークショール。縁にくるスワッチは増し目をしますが小さなパーツなので簡単です。好きなスワッチを組み合わせて楽しめます。

ヤドリギのネックウォーマーは少し大きめに作り、ブローチで止めて表情を作ります。大きいまままたらしてもかわいく、写真のように襟っぽくとめてもすてきです。アレンジして楽しんでください。
how to make...P.136

この本の中のパターンは多色の毛糸を編み込んだものが多く、もしかしたら少し難しそうに感じられるかもしれません。でも実は簡単に編める工夫もたくさん。そんなテクニックをご紹介します。

1. 刺繍糸で色数を増やす

　例えば52ページの2枚。パンジーは花芯や葉、細い茎部分を刺繍しています。葉はアウトラインステッチを刺すことで葉の周りの編み目のV字の形を消したり、細い茎はチェーンステッチで自然なカーブを表現できます。

　デイジーはメリヤス編みに葉を編み込んでボタンホールのような穴をあけた編み地を編んだ後に（このときの編み地は実にシンプルで驚きます）、穴の裏面に黄色いフェルトを縫い止め、2色の毛糸でブランケットステッチをしました（27ページ参照）。編むのはとても簡単なのに出来上がりは「わぁ、これどうなってるの？」という仕上がりです。

　刺繍をすると色が増やせるうえに手芸的要素が加わり、簡単に出来上がりが凝った印象になります。

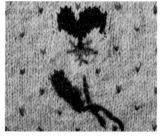

葉にアウトラインステッチ、茎にチェーンステッチ、花はストレートステッチとフレンチナッツステッチ。

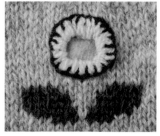

花びらをブランケットステッチ。

2. 糸渡しのこと

　模様を考えるときに大事なのは糸の渡し方。簡単に縦渡しができるか、横渡しの場合は何目が限度か、すべて後々の糸始末に関係してきます。糸始末は少ないほうが編み地が薄く仕上がりが美しいけれど、横に長く糸を渡すのは着るときに引っかかったり編み地がつれてしまう原因になります。

　例えば52ページのパンジーの編み地に編み込んだ1目の編み込みの間の段数が奇数段だったらどうでしょう。毎回糸を切らないようにするためには間の段数を偶数段にする必要がある、ということです。

　縦に糸を持ち上げる（渡す）のならば間の段数は偶数に、横に糸を渡すのならば間は5cmくらいまでがよいでしょう。

1目編み込みの入れ方

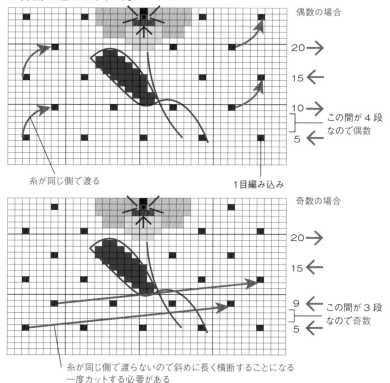

偶数の場合

20→

15←

10→ ｝この間が4段なので偶数

5←

糸が同じ側で渡る

1目編み込み

奇数の場合

20→

15←

9← ｝この間が3段なので奇数

5←

糸が同じ側で渡らないので斜めに長く横断することになる
一度カットする必要がある

3. 編み込みを簡単に
（糸をカットしておく）

糸始末は多くなるけれど横に糸が渡らず、しかも編みやすいのはひとつの模様の編み込みに必要な糸の長さをあらかじめ試し編みをして出すことです。

例えば51ページのつぼみのバラのパターンはつぼみの糸を45cmに、葉と茎の部分の糸を200cmに模様の数だけ用意します。準備が少し大変ですが、編むときには糸を必要な長さでカットしてあるので絡まず編みやすく、編み地がつれることもありません。66・68ページのチェリー、76ページのブドウなど、多くの編み地をこの方法で編んでいます。

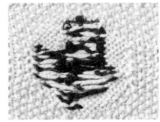

裏を見ると糸が次のバラに渡っていないことがわかります。花部分はメリヤス編みと周囲はかのこ編みなので、糸が渡って厚みがでるのも防げます。

4. 目数リングを使う

くり返す模様を間違えずに編むときに必要なのが目数リングです。あの小さなパーツを「1模様○目」の区切りごとに棒針に通しておくだけで格段に編みやすくなります。特に効力を発揮するのが透かし模様。104ページのヒイラギや木の葉の透かし模様、108ページのスズランのパターンは目数リングが必要です。

そのほか、リピートの編み込み模様の62ページのアザミのマーガレットや地模様が1目かのこ編みで間違えやすい50ページのつぼみのバラのパターンを編むときもとても便利です。

アザミのパターンごとに目数リングを入れます。

5. まずはコースターから

さて、では何から始めたらよいでしょう。すいすい編める方もウェアを編む前にはゲージを編むことをお勧めします。ひと手間ですが、編んでいる間に編み地の硬さ緩さの目安にもなるので大切です。

そしてビギナーの方はコースターから始めてみましょう。各パターンの編み図に書いてある内容を見ると、10cm四方が何目何段になるかが記してあります。コースターの作り方（156ページ参照）を参考に、自分が選んだパターンの目数段数を出しましょう。模様がぴったりはまらなくても大丈夫。上下左右の模様を切り取ったり増やしたりして調節すればいいだけです。まずは編んでみる、です。

31目33段

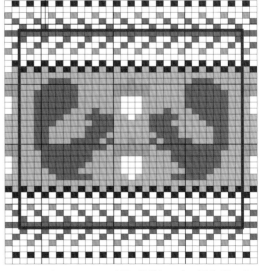

118ページのコースターは上下の模様とリスを1匹だけ取り出して配置しましたが、スワッチ通りにリスを2匹入れることも可能。そのときは中心をどんぐりにし、左右を均等にするために31目にするとよいでしょう。

大きな花

一輪だったり、小さな花に比べて大きくしっかりと花の全体が描かれたデザインです。
インパクトがあり印象に残ります。

a

b

大輪のバラ

使用糸

ジェイミソンズ スピンドリフト

☐#655 China Blue ☐#550 Rose ■#788 Leaf

■#580 Cherry ▨#570 Sorbet ▨#772 Verdigris

■#585 Plum ☐#390 Daffodil

針 棒針5号

編み地 36目×38段

ゲージ（10cm四方） 26目32段

難易度 ★★☆

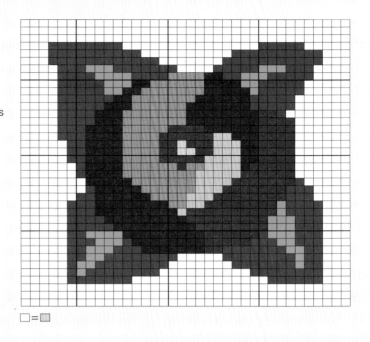

☐=▨

a：#999、b：#599　　　a：#410、b：#780
フレンチナッツステッチ（2回巻き）　バリオンステッチ（4回巻き）
a

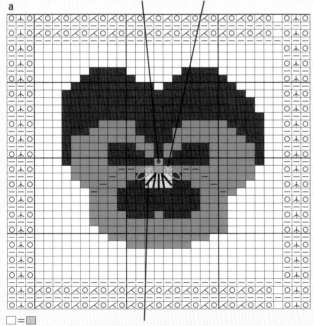

☐=▨

a：#390、b：#104 でストレートステッチ

パンジー＆透かし編みの縁

使用糸

a

ジェイミソンズ スピンドリフト

▨#720 Dewdrop ▨#616 Anemone ■#599 Zodiac

☐#390 Daffodil ▨#410 Cornfield ■#999 Black

b

ジェイミソンズ スピンドリフト

■#788 Leaf ▨#616 Anemone ■#599 Zodiac

☐#390 Daffodil ☐#104 Natural White ▨#780 Lime

共通

針 棒針4号

編み地 33目×40段

ゲージ（10cm四方） 26目32段

難易度 ★★☆

a

b

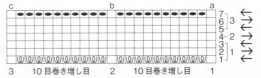

メリヤス刺繍　茎はアウトラインステッチ

□＝■

ワスレナグサのブーケ

使用糸

ジェイミソンズ　スピンドリフト

- ■ #999 Black
- □ #655 China Blue
- ■ #815 Ivy
- ■ #665 Bluebell
- ■ #800 Tartan
- □ #390 Daffodil
- ■ #616 Anemone

針　棒針5号
編み地　34目×41段
ゲージ（10cm四方）　28目30段

難易度　★★☆

リボン部分

c　　　　　　　　　　　b　　　　　　　　　　a
7
6
5　3
4
3　2
2
1　1

3　10目巻き増し目　2　10目巻き増し目　1

編み地から1目めを拾って編み、10目巻き増し目をする。2目めは編み地から拾って編み、また10目を巻き増し目し、3目めを編み地から1目拾って編む。1から3段目の2段（実際には6段）を編み、a、b、cの間の糸は強く引いて輪にたたむ。3段めの3段（実際には7段）はa、b、cは編み地と同じ色の糸で編み、伏せ目の各10目はリボンの色で編む。編み方は44ページ参照

レッドカラント

a

使用糸

パピー　ブリティッシュファイン

- ■ #009 グレー
- □ #066 黄
- ■ #007 群青
- ■ #006 赤

針　棒針4号
編み地　32目×38段
ゲージ（10cm四方）　28目32段

b

使用糸

パピー　シェットランド

- ■ #31 グレー
- □ #54 黄
- ■ #53 群青
- ■ #29 赤

針　棒針6号
編み地　32目×38段
ゲージ（10cm四方）　23目27段

難易度　★☆☆

メリヤス刺繍またはクロスステッチ

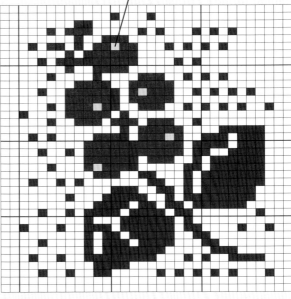

□＝■

リボンの編み方

立体に編み出すリボンです。編み地から拾うのは編み図のabc3目を3段のみ。あとはリボンの立体部分になるので編み地を編みません。1段の中に3段編むのにも気をつけてください。編み図は43ページ参照。

1 リボンの最初の1目を編みます。これが編み図の1目めaになります。

2 針に糸をかけて巻き増し目をします。

3 10目巻き増し目をしました。針に10目かかっている状態です。

4 編み地から1目編みます。これが2目めbになります。

5 また10目巻き増し目をします。2目めbの両側に巻き増し目が10目ずつになります。

6 編み地から1目編みます。これが3目めcになります。

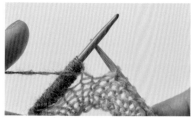

7 裏返して裏目で編みます。リボンの部分だけの往復編みです。

8 1目めaまで編めました。これで1段目の2段が編めたことになります。

9 次の段を編むときに必ず地色の糸とリボンの糸を交差させておきます。こうしないとリボンと編み地の間にすき間ができてしまいます。

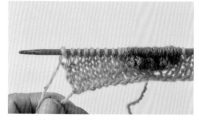

10 1段めの3段を表目で編みます。この段は1段めの最後になるので編み地の最後まで編みます。リボン部分が編めたら糸をぎゅっと引いておきます。裏はリボン部分に地色の水色の糸が渡ります。

11 2段め(リボンの4段め)を編み地の端から裏目で編みます。2段めはリボン部分だけの往復編みはせずに1段だけなので、編み地の最後まで編みます。

12 3段めの1段(リボンの5段め)を編みます。編み地の端から編み、リボン部分でリボンの糸に変えて編みます。編み地の3目めcも1目編みます。

13 裏返してリボン部分を裏目で往復編みします。これが3段めの2段（リボンの6段め）になります。

14 リボン部分の最後1目めのaまで編めました。次の段を編むときに地色の糸とリボンの糸を交差させるのを忘れずに。

15 表に返して3段めの3段（リボンの7段め）を編みます。これがリボンの最後の段になるので伏せ止めをします。まず1目めを地色の糸で編みます。

16 リボンの糸に変えて2目編みます。先の1目を2目めにかぶせて伏せ止めをします。

17 これをくり返して9目伏せ止めをし、10目めがかかっている状態です。

18 次は2目めbになるので地色の糸で編みます。リボンの糸を伏せ止めをします。

19 地色の糸をぎゅっと引いて、リボン部分を二つ折りするように縮ませます。

20 同様にリボンの糸で伏せ止めをし、最後の3目めcは地色の糸で編んでリボンの糸を伏せ止めをします。

21 同様に地色の糸をぎゅっと引いて、リボン部分を二つ折りするように縮ませます。

22 そのまま続けて地色の糸で端まで編みます。これで立体のリボンの完成です。裏の糸の渡りはリボンの内側に入るので見えなくなります。

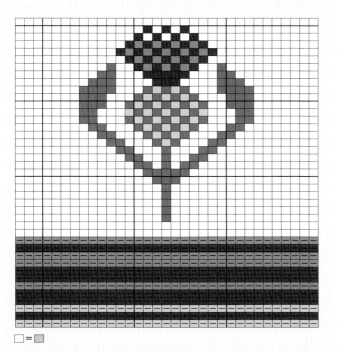

□ = ▨

アザミ

使用糸

ジェイミソンズ　スピンドリフト

■ #929 Aqua　■ #1300 Aubretia　■ #616 Anemone
□ #259 Leprechaun　■ #815 Ivy

針　棒針 4 号
編み地　33 目 ×41 段
ゲージ（10cm 四方）　25 目 32 段

難易度　★★☆

※編み込みは、#1300 花は 90cm、#616 花は 50cm、
　#259 総苞は 60cm、#815 葉は 240cm に糸をカット
　しておく

□ = ■

タンポポ

使用糸

パピー　ブリティッシュファイン

■ #092 ターコイズ　■ #055 緑　■ #037 茶　□ #066 黄

針　棒針 4 号
編み地　33 目 ×41 段
ゲージ（10cm 四方）　28 目 32 段

難易度　★★☆

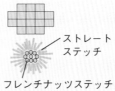

ストレート
ステッチ

フレンチナッツステッチ
（1 回巻き）

花部分は上から刺繍をする

スノードロップ

使用糸

ジェイミソンズ　スピンドリフト

□#655 China Blue　□#304 White　■#788 Leaf

□#785 Apple

その他

ビーズ MIYUKI 丸大 8/0 #1

針　棒針 4 号

編み地　34 目 ×42 段

ゲージ（10cm 四方）　25 目 32 段

難易度　★☆☆

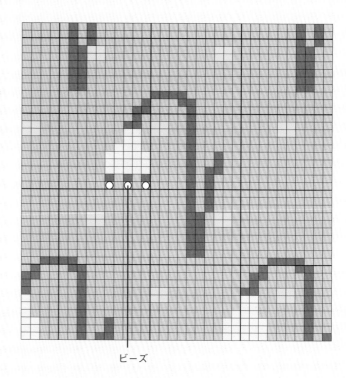

ビーズ

Point

1 目の細い茎を編むときは、茎の
次の目を編んでから茎の色の毛
糸を引いて緩みをとると美しく
編めます。

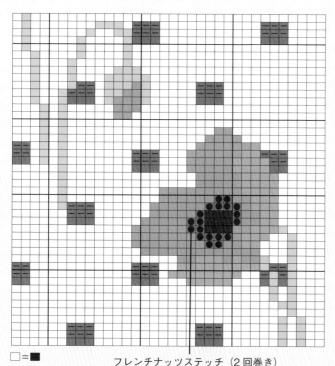

□=■

フレンチナッツステッチ（2 回巻き）
#999 を編んだ上に刺繍

ポピー

使用糸

ジェイミソンズ　スピンドリフト

■#517 Mantilla　■#540 Coral　■#271 Flame

□#259 Leprechaun　■#599 Zodiac　■#999 Black

■#805 Spruce

針　棒針 4 号

編み地　34 目 ×44 段

ゲージ（10cm 四方）　28 目 38 段

難易度　★★☆

※大きな花の編み込みは、作る作品の幅に入る花の数の
　小巻の糸を用意する

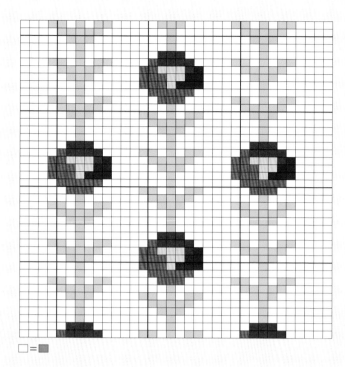

つるバラ

使用糸

ジェイミソンズ　スピンドリフト

■#315 Heron　■#259 Leprechaun　□#390 Daffodil

■#585 Plum　■#188 Sherbet　■#580 Cherry

針　棒針4号

編み地　34目×42段

ゲージ（10cm四方）　26目30段

難易度　★★☆

※編み込みは、#390 花芯は35cm、#585 花は30cm、
　#188 花は45cm、#580 花は25cmに糸をカットし
　ておく

□＝■

つぼみのバラ

使用糸

a

パピー　チャスカ　□#10 白

パピー　アルバ　■#5139 赤　■#1185 緑

■#1170 ピンク

b

ジェイミソンズ　スピンドリフト

■#580 Cherry　□#259 Leprechaun

■#540 Coral　□#390 Daffodil

共通

針　棒針4号

編み地　40目×48段

ゲージ（10cm四方）　26目40段

難易度　★★★

※編み込みはつぼみは45cm、
　葉と茎は200cmに糸をカットしておく

a

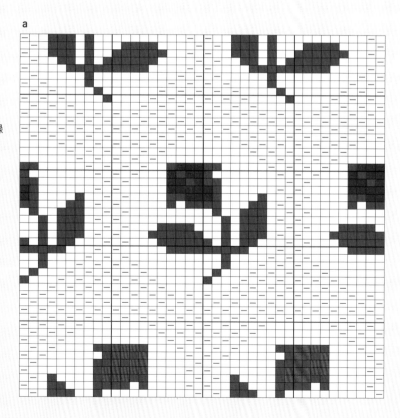

パンジーと1目模様

使用糸

ジェイミソンズ　スピンドリフト

□ #105 Eesit　■ #629 Lupin　■ #788 Leaf

□ #400 Mimosa　▨ #470 Pumpkin

■ #599 Zodiac　□ #655 China Blue

■ #999 Black

針　棒針4号

編み地　38目×40段

ゲージ（10cm四方）　26目32段

難易度　★☆☆

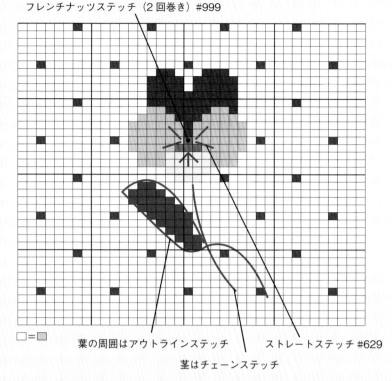

フレンチナッツステッチ（2回巻き）#999

葉の周囲はアウトラインステッチ

茎はチェーンステッチ

ストレートステッチ #629

□=■

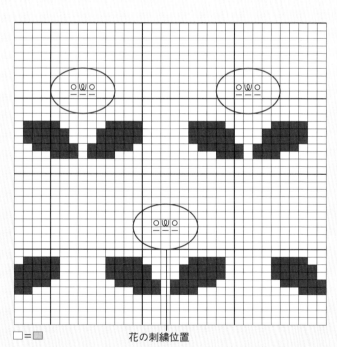

□=■

花の刺繍位置

大輪のデイジー

使用糸

ジェイミソンズ　スピンドリフト

▨ #105 Eesit　■ #525 Crimson　■ #788 Leaf

□ #304 White

その他　フェルト 山吹（洗ったもの）

針　棒針4号

編み地　34目×40段

ゲージ（10cm四方）　26目32段

難易度　★☆☆

※デイジーの花の編み方は27ページ参照

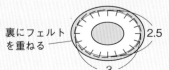

裏にフェルト
を重ねる

2.5

3

White（#304）で外側にブランケットステッチを
してから上に Crimson（#525）で間隔をあけて
短めにブランケットステッチする

矢車草

使用糸

パピー　ブリティッシュファイン

■#034 深緑　■#092 ターコイズ　■#035 マスタード

□#086 ネオンイエロー

針　棒針5号、かぎ針2/0号

編み地　35目×40段

ゲージ（10cm四方）　28目32段

難易度　★★☆

※かぎ針で編む玉編みは123ページ参照

◎ = 🪡

中長編み2目の玉編み
かぎ針2/0号

□=■

クロスステッチ #086

ピンクのひな菊

使用糸

ジェイミソンズ　スピンドリフト

□#122 Granite　■#188 Sherbet　□#815 Ivy

□#271 Flame

針　棒針4号

編み地　35目×40段

ゲージ（10cm四方）　28目32段

難易度　★☆☆

※編み込みは花は90cm、葉と茎は70cm、
　花芯は20cmに糸をカットしておく

□=□

黄色を2色重ねてクロスステッチ

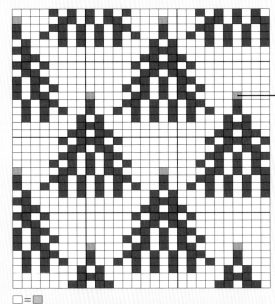

□=□

モミの木

使用糸

パピー　シェットランド　■#9 ブルーグレー　■#14 緑

パピー　ブリティッシュファイン　□#066 黄　□#086 ネオンイエロー

針　棒針5号

編み地　34目×40段

ゲージ（10cm四方）　26目28段

難易度　★☆☆

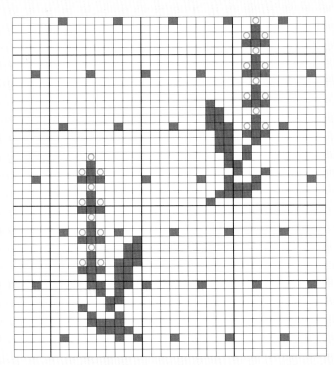

ミモザ

使用糸
パピー　ブリティッシュファイン
□#001 白　■#066 黄　■#092 ターコイズ　■#055 緑
針　棒針4号、かぎ針2/0号
編み地　34目×45段
ゲージ（10cm四方）　26目34段

難易度　★☆☆

※かぎ針で編む玉編みは123ページ参照

◎ =

中長編み2目の玉編み
かぎ針2/0号

◎ =

中長編み2目の玉編み
かぎ針2/0号

サファイアベリー

使用糸
パピー　ブリティッシュファイン
■#040 ベージュ　■#037 茶　■#007 群青
針　棒針4号、かぎ針2/0号
編み地　34目×43段
ゲージ（10cm四方）　28目36段

難易度　★☆☆

※かぎ針で編む玉編みは123ページ参照

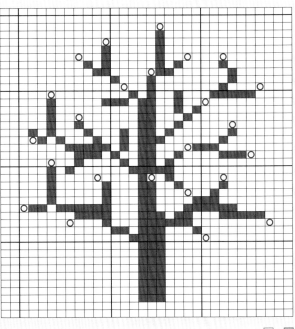

□ = ■

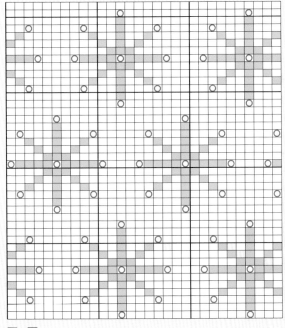

フェンネル

使用糸
ジェイミソンズ　スピンドリフト
■#684 Cobalt　■#780 Lime　□#304 White
針　棒針5号、かぎ針2/0号
編み地　35目×42段
ゲージ（10cm四方）　28目32段

難易度　★★☆

※かぎ針で編む玉編みは123ページ参照

◎ =

中長編み2目の玉編み
かぎ針2/0号

□ = ■

a

b

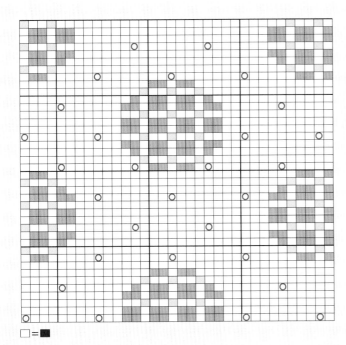

□＝■

アジサイ

使用糸

ジェイミソンズ　スピンドリフト

■#599 Zodiac　■#660 Lagoon　□#785 Apple

■#617 Lavender

針　棒針5号、かぎ針2/0号

編み地　34目×40段

ゲージ（10cm四方）　24目30段

難易度　★★☆

※かぎ針で編む玉編みは123ページ参照

□＝
中長編み2目の玉編み
かぎ針2/0号

a

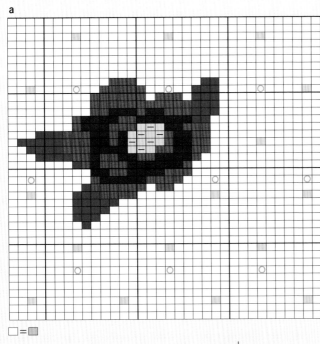

□＝□

□＝
中長編み2目の玉編み
かぎ針3/0号

玉編みとバラ

使用糸

a

ジェイミソンズ　スピンドリフト

□#929 Aqua　■#517 Mantilla　■#575 Lipstick

■#788 Leaf　□#390 Daffodil

針　棒針4号、かぎ針3/0号

編み地　34目×40段

ゲージ（10cm四方）　26目34段

b

パピー　ブリティッシュファイン

■#008 黒　□#066 黄　■#006 赤　■#013 濃い赤

■#055 緑　■#080 黄緑

針　棒針4号、かぎ針3/0号

編み地　34目×40段

ゲージ（10cm四方）　28目38段

難易度　★★☆

※かぎ針で編む玉編みは123ページ参照

※編み込みは、#517 花は110cm、#575 花は180cm、
　#788 葉は100cm、#390 花芯は45cmに糸をカット
　しておく

クロスステッチ

ラトビアの花

使用糸

パピー　ブリティッシュファイン

□#009 グレー　■#007 群青　■#006 赤　□#001 白

針　棒針5号

編み地　33目×37段

ゲージ（10cm四方）　28目30段

難易度　★★☆

ダイアゴナルフラワー

使用糸

ローワン　フェルテッドツイード

■#195 グレー　■#200 ピンク

針　棒針5号

編み地　35目×44段

ゲージ（10cm四方）　25目36段

難易度　★★☆

Point

このページのように上下左右対称
のパターンは、輪編みで表面だけ
を見て編むと編みやすくなります。

□ = ■

さっとはおれるアザミ模様の
マーガレットです。大きなアザ
ミ模様をいかして幅をたっぷり
とってあるので背中はしっかり
カバーしつつ、正面はスッキリ
と袖と襟だけが見える形です。
幅がたっぷりな分、袖もふんわ
りギャザーがよったようなかわ
いい仕上がりになります。
how to make...P.138

糸選びとイメージ

　糸を選ぶことは大きな楽しみでもありいちばん迷うことかもしれません。この本のように自然の花をイメージして糸を選ぶとなると、まず考えるのは自然のままの色で？　それとも想像で考えた自分だけの色？　色の数は？　使いたい色が実際に毛糸で販売されているの？　ということ。

　まずは頭の中でイメージを描き、それを紙の上に色鉛筆などで塗ってみて、毛糸に置き換えてみましょう。「イメージを描く」って難しそうですが、この本のパターンを編んでみたいと思ったらまずは散歩に出て自然の色を見ることです。風が吹いていたら「あぁ、あの時は新緑が美しくて爽やかな風が吹いていた」と記憶に残って、グリーンやブルーに白や黄色を加えたイメージが湧いてくるかもしれません。すべては感じることから！

　そしてビギナーの方はまずは色数が少ないものを間違えてもほどきやすいストレートヤーンで編んでみましょう。そして次は色数を増やしたり立体的な編み方も取り入れて、モヘアにもチャレンジしてみましょう。

　編むパターンが決まったら方眼紙にパターンを写して色を塗ってみます。編む前に自分の手を動かして「赤が2目、白が3目」と色を塗るとパターンが頭の中に記憶されて驚くほど編みやすくなります。これも私が大切にしているポイントです。ぜひお試しあれ！

1. 色と糸で変わる

　このスズランの編み地5枚を見比べてみましょう。1色で編んだ水色のものは立体感が際立って感じます。薄い黄緑、緑、紺の3枚は同じように花の部分を白で編んでいますが、地色を変えると印象が変わります。自然な感じの緑、ソフトな雰囲気の薄い黄緑、キリッとした紺。そしてスズランの編み地をパターンと捉え、花の色を好みの色に変えてみたグレーに黒い花のスズランもシックでおしゃれな感じです。編みたい図案をコピーして色鉛筆で塗ってみましょう。頭の中で考えているよりもわかりやすくイメージをつかむことができます。
　そして115ページのショールは白のモヘアの糸で編んだもの。糸自体をまったく質感の違う糸に変えることでかなり印象が変わります。

２．色違いのスワッチ

アザミのパターンを色を変えて編んでみ
ました。白はグッと華やかに、グレーは
シックで大人っぽく、紺は若々しい印象で
す。このパターンを編んでいる毛糸の産地
であるシェットランド島はスコットランド
の北部諸島のひとつなので、国花であるア
ザミの色を大切に地色を変えることで印象
を変えてみました。このパターンを編んで
いると荒涼とした風景とフレンドリーな島
の人々の笑顔を思い出します。

62ページの水色ベースのものは今、私
が着たい色で編んだもの。色違いの編み地
を楽しみながら何パターンも編み、ウェア
にする色が決まったら試し編みを接ぎ合わ
せてバッグにするのもすてきです。

実際の作品では、ストライプ部分を裏編
みにして色が溶け合う雰囲気にしてみまし
た。簡単なことですがとても効果的です。

３．糸違いのスワッチ

この２枚の編み地は同じ目数と段数
で編んでいますが、大きさが異なるの
に気がつくことでしょう。大きな方は
並太の糸を６号針で編み、小さな方は
中細の糸を４号の針で編んでいます。
当然のことながらゲージ（10cm四方
の目数×段数）も異なり、ウェアやひ
ざ掛けなど大きなものを編むときの目
数と段数に差が出てきます。編み地の
厚みや重さも変わるので、作りたい作
品によって糸を選ぶとよいでしょう。
バッグなどの小物を編むときは少し硬
めの編み地に、ウェアは好みのやわら
かさに仕上げるためにも必ず試し編み
をして選んだ糸の性格を確認するのも
大切なポイントです。

フルーツ

玉編みなどの立体的な編み方をすることでよりかわいくなるパターンです。

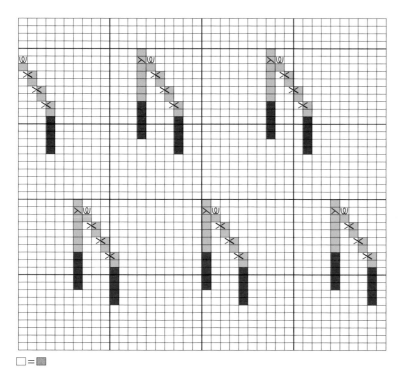

□ = ■

2 粒のチェリー

使用糸
パピー　ブリティッシュファイン
■#009 グレー　■#085 ネオンピンク
パピー　シェットランド　□#47 黄緑
針　棒針4号、かぎ針3/0号
編み地　36 目 ×44 段
ゲージ（10cm四方）　28 目 36 段

難易度　★☆☆

※編み込みは、実は 90cm、茎は 45cm に
　糸をカットしておく
※チェリーの編み方は 70 ページ参照

棒針の 5 段の玉編み
かぎ針で引き抜き

■ = くさり編み 1 目
　　右上 5 目一度

= ｜O｜O｜ 編み出し増し目

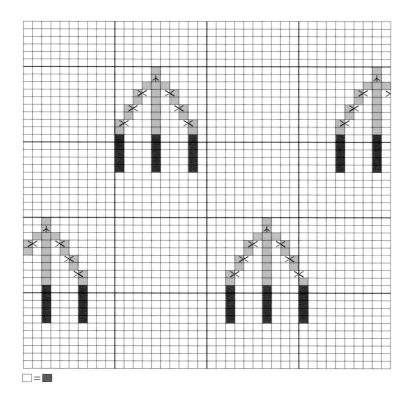

□ = ■

3 粒のチェリー

使用糸
パピー　シェットランド
■#17 コバルトブルー　■#29 赤
□#47 黄緑
針　棒針6号、かぎ針4/0号
編み地　27 目 ×40 段
ゲージ（10cm四方）　22 目 30 段

難易度　★☆☆

※編み込みは実は 150cm、茎は 90cm に
　糸をカットしておく
※チェリーの編み方は 70 ページ参照

棒針の 5 段の玉編み
かぎ針で引き抜き

■ = くさり編み 1 目
　　右上 5 目一度

= ｜O｜O｜ 編み出し増し目

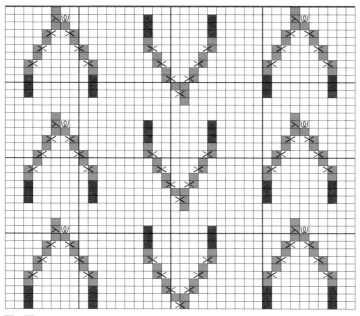

□ = [beige]

UP&DOWN チェリー

使用糸

パピー　アルバ

■#1087 ベージュ　■#5139 赤　■#1185 緑

針　棒針5号、かぎ針4/0号

編み地　38目×40段

ゲージ（10cm四方）　28目32段

難易度　★★☆

※編み込みは、実は120cm、茎は55cmに
　糸をカットしておく

※チェリーの編み方は71ページ参照
　玉編みをかぎ針で引き抜く色はアップ、
　ダウンの向きで異なるので注意

棒針の3段の玉編み

かぎ針で引き抜き　くさり編み1目→

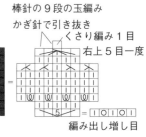

赤

地色

編み出し増し目 | I | O | I | =

葉つけ位置

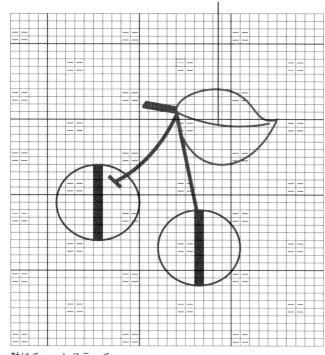

軸はチェーンステッチ
葉は別に編んだモチーフを中心で縫い止める

大きなチェリー

使用糸

ジェイミソンズ　スピンドリフト

■#655 China Blue　■#525 Crimson　■#788 Leaf

■#879 Copper

針　棒針4号・2号（葉）、かぎ針3/0号

編み地　34目×44段

ゲージ（10cm四方）　26目38段

難易度　★☆☆

※編み込みは、実は90cmに糸をカットしておく

※チェリーの編み方は70ページ参照

葉

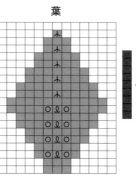

棒針の9段の玉編み
かぎ針で引き抜き
くさり編み1目
右上5目一度

編み出し増し目

69

Lesson 4 チェリーの編み方

66・68ページのチェリーで解説します。どちらも実と茎の長さの糸をカットしておきます。編み図は67・69ページ参照。

2粒・3粒のチェリー

1 実の糸に変える1目前で地色と実の糸を交差させておきます。実の糸で最初の1目を表目で編みます。左の針から糸を外さずに5目の編み出し増し目をします。

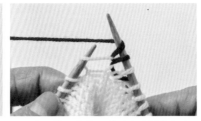

2 右の針に糸をかけてかけ目をします。これが2目めです。

3 3目めは同じ目に針を入れて表目を編みます。

4 4目めはかけ目、5目めは表目を同じ目で編みます。1目の中に5目が入っている状態です。このまま地色（白）で最後まで編みます。1段めが編めました。

5 2段めを編みます。実の1目手前で地色の上に実の色の糸をのせ、地色（白）で1目編みます。

6 実の色に変えて5目の編み出し増し目を裏目で編みます。

7 5目編んだら次の1目を地色の白の糸を渡して裏目で編み、端まで続けて編みます。

8 表に返して3段めを編みます。実の糸の1目手前で地色と実の糸を交差させ、地色で1目編みます。

9 実の色に変えて5目編み、地色の白で最後まで編みます。4段めも裏目で同様に編みます。

10 5段めは地色で表目を編み、実の5目をかぎ針に移します。

11 かぎ針に糸をかけて5目を引き抜き、右上5目一度を編みます。

12 さらにかぎ針に糸をかけて引き抜き、くさり編みを1目編みます。この1目を元の棒針にかければチェリー部分の完成です。

70

UP &DOWN チェリー

1 70ページのチェリーと同様に、1目から3目の編み出し増し目をします。表目、かけ目、表目です。これが1段めの1段になります。

2 次に1段めの2段を裏返して往復編みをします。実の1目めを裏目で編みます。

3 次は巻き増し目をして、1目増やします。

4 2目めを裏目で編み、次は巻き増し目をして最後の3目めを裏目で編みます。これで3目から5目になりました。

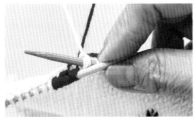

5 表に返して次の1段めの3段を編むときに地色の糸と実の糸を交差させておきます。

6 表目で5目編みました。これで1段めが編めたので地色の糸で端まで編みます。

7 次は2段めを編みます。端から地色で編み、実の部分で糸を変えて実を5目編みます。2段めは実の部分を往復編みしないのでそのまま端まで地色で編みます。

8 3段めを1段めと同様に往復編みをします。端から地色で編み、実で色を変えて3段めの1段(実の5段め)を編みます。裏返して実の部分のみ往復編みをして3段めの2段(実の6段め)を編みます。

9 3段めの3段(実の7段め)はかぎ針に5目移します。

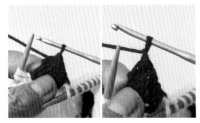

10 かぎ針に糸をかけて5目を引き抜き、右上5目一度を編みます。さらにかぎ針に糸をかけて引き抜き、くさり編みを1目編みます。

11 この1目を元の棒針にかければチェリー部分の完成です。実の1段めと3段め、4段めと7段めで往復編みをするので、70ページのチェリーよりボリュームがあります。

裏はこのように糸が渡ります。

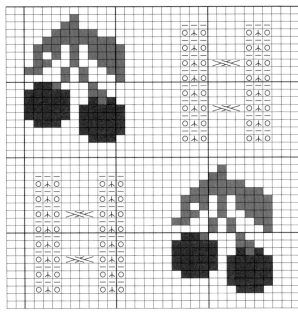

透かし模様とチェリー

使用糸
ジェイミソンズ　スピンドリフト
■#710 Gentian　■#525 Crimson　■#790 Celtic
針　棒針4号、縄編み針
編み地　32目×40段
ゲージ（10cm四方）28目36段

難易度　★☆☆

※編み込みは、葉は115cm、実は105cmに
　糸をカットしておく

□=■

編み込みのチェリー

使用糸
パピー　シェットランド
■#30 ライトグレー　■#23 ワインレッド
■#55 オペラ　■#47 黄緑　■#14 緑
針　棒針6号
編み地　33目×40段
ゲージ（10cm四方）24目31段

難易度　★☆☆

※編み込みは、実は各40cm、葉の黄緑は85cm、
　緑は35cmに糸をカットしておく

クロスステッチ

□=■

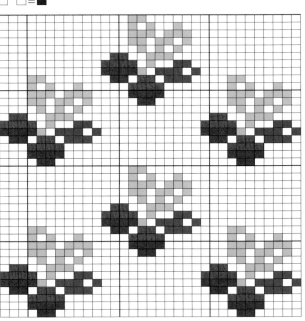

□=■

ブルーベリー

使用糸
パピー　アルバ　■#1112 深緑
パピー　シェットランド
■#14 緑　■#47 黄緑　■#56 紫　■#17 コバルトブルー
パピー　ブリティッシュファイン　■#037 茶
針　棒針6号
編み地　34目×38段
ゲージ（10cm四方）24目32段

難易度　★☆☆

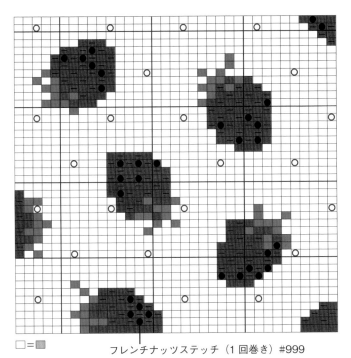

Dancing ストロベリー

使用糸

ジェイミソンズ　スピンドリフト

□#660 Lagoon　■#500 Scarlet　■#800 Tartan

■#999 Black

針　棒針5号、かぎ針2/0号

編み地　35目×42段

ゲージ（10cm四方）　28目34段

難易度　★★☆

※編み込みは、実は横渡し、葉は40cmに
　糸をカットしておく

☑ =───地色

中長編み2目の玉編み
かぎ針2/0号

□ =■

フレンチナッツステッチ（1回巻き）#999

※写真は編み地が上下逆になっています

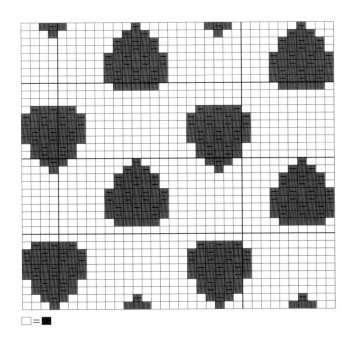

UP&DOWN ストロベリー

使用糸

パピー　シェットランド

■#20 濃紺　■#29 赤　■#14 緑

パピー　ブリティッシュファイン　□#066 黄

針　棒針6号

編み地　34目×42段

ゲージ（10cm四方）　26目30段（刺繍後）

難易度　★☆☆

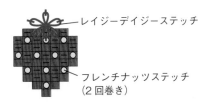

───レイジーデイジーステッチ

───フレンチナッツステッチ
　　（2回巻き）

□ =■

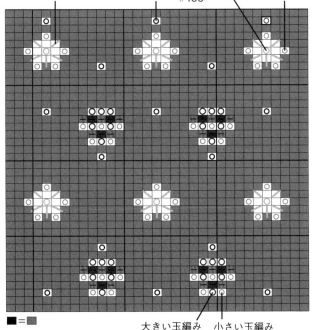

ストレートステッチ　棒針の玉編み　大きい玉編み #400　小さい玉編み #104

ラズベリー

使用糸

ジェイミソンズ　スピンドリフト

■#999 Black　■#188 Sherbet　■#580 Cherry

□#104 Natural White　□#400 Mimosa　■#800 Tartan

針　棒針 5 号、かぎ針 2/0 号・3/0 号

編み地　33 目 ×40 段

ゲージ（10cm 四方）　26 目 34 段

難易度　★☆☆

※棒針で編む玉編みは 122 ページ、かぎ針で編む玉編みは
　123 ページ参照

◎ 棒針の 1 段の玉編み
　かぎ針で引き抜き

引き抜き　編み出した目に　くさり編み 1 目　かぎ針 3/0 号
右上 3 目一度

$$\boxed{3}$$ = ⊡①⊡

編み出し増し目

■ =■

大きい玉編み　小さい玉編み

レイジーデイジーステッチ #800

← 小 #188
← 大 #580

大きい玉編み

□◎ ⊡◎ =🫐
中長編み 3 目の玉編み
かぎ針 2/0 号

小さい玉編み

□◎ ⊡◎ =🫐
中長編み 2 目の玉編み
かぎ針 2/0 号

ブドウ

使用糸

パピー　ブリティッシュファイン

■#028 モスグリーン　■#027 紫　■#037 茶

針　棒針 4 号、かぎ針 3/0 号

編み地　34 目 ×45 段

ゲージ（10cm 四方）　26 目 32 段

難易度　★☆☆

※編み込みは、実は 250cm に糸をカットしておく
※棒針で編む玉編みは 122 ページ参照

◎ 棒針の 1 段の玉編み
　かぎ針で引き抜き

引き抜き　編み出した目に　くさり編み 1 目
右上 3 目一度

$$\boxed{3}$$ = ⊡①⊡

編み出し増し目

アウトラインステッチ

□ =■

実際の玉編みの大きさ

UP ＆ DOWN チェリーで編んだ
バッグ。全体にチェリーが編まれ
ているのでとてもキュートです。
編み地のバッグは伸びるので、別
に中袋を作ってつけると型崩れせ
ず安定します。葉は別に編んで持
ち手に通しています。
how to make...P.141

自分のサイズに合わせる

編みたいパターンと作品が決まったら、どんどん編み始めたくなりますよね。でも、まずは試し編みをしましょう。15cm角くらいの編み地（本の図案のままでOK）を編み、アイロン台の上に裏面を上にして形を整えてまち針で止めます。そしてスチームアイロンをかけて静かに冷まします。この後に解説するサイズ変更などをするためにも、まず試し編みをしてアイロンをかけて自分のゲージを知ることが大切です。

1. 自分の編み地を知る

自分の編み地が10cm何目×何段で出来ているかを定規を当てて測ります。これが「ゲージ」です。編み図の右側に書いてあるゲージと自分のゲージが合っていればそのまま編みましょう。もしも緩かったら（自分のゲージの方が数字が大きい場合）針の号数を下げます。硬かったら（自分のゲージの方が数字が小さい）針の号数を上げましょう。1目1段くらいはそのままで、2目2段違っていたら号数を変えることが必要かもしれません。

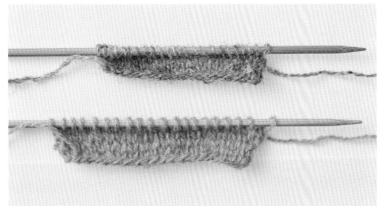

　ちょうどよい編み地の具合を知る目安は「編んでいるときに棒針にかかっている毛糸の目が針の上をするすると動く」です。針にかかっている目の下に大きな空間があるときは「緩い」し、目がぎゅうぎゅうで動きにくいときは「硬い」と思ってくださいね。棒針の号数が小刻みに3mm単位で作られているのは合った号数で編むためです。自分の手に合う（編み方に合った）針の号数を知りましょう。作品にもよりますが、ウェアの場合はちょうどよいやわらかさ、小物やバッグの場合は少し硬めがよいでしょう。少し手間だけれどここをきちんとクリアすれば思い通りに編み上がります。

2. 自分のサイズに合わせる

ウェアや巻きものを編む場合に大切なのはサイズ。この本の作品はほとんどがフリーサイズですが、せっかく編むのですから自分の好みのサイズで編みたいものです。サイズ調整の方法は大まかに3通りあります。

①編む目数、段数は変えずに編み針の号数を変える
②糸を太い（細い）ものに変えて編む

この2つの方法で編み地の大きさを変えることができます。この方法は模様の大きさやテクスチャーも変わります。

棒針の場合、号数を1号変えると全体の大きさは約5%変わります。4号を5号に変えると5%、4号を6号にすると10%変わると言った具合です。4号を3号に下げた場合なども同じ率で小さくなります。

③編む針の号数や編む糸は変えずに全体の目数、段数を作りたいサイズに合わせて変える

この場合は模様の大きさやテクスチャーは変わりません。自分で目数と段数を変えて好みの身幅や丈に変えることができます。例えば身幅は変えずに丈だけを短くするなど、自由にシルエットを変えることができます。袖の長さを変えたい場合はゴム編みやガーター編みなどの段数を変えて手っ取り早く変えることもできます。

自分の好みの形に編みたいけれど自分で目数段数を割り出すのが難しそう？　いちばん簡単にできるのは手持ちの洋服で作りたいサイズに近いものを選んで大きな紙の上に置き、そのアウトラインを写しとってその形が自分のゲージでは何目何段になるのかを割り出します。そして編む模様が上下左右にいくつ入るかを出して、余白があれば余った目数や段数を均等に振り分けます。または脇の模様合わせを考えて模様の配置を調整します。小さな図で計算して出す方法もよいけれど、実物大の紙を前にして「えーっと、こうしたら？」と考えて出来上がった編み図は次の作品へと力をつけてくれそうです。

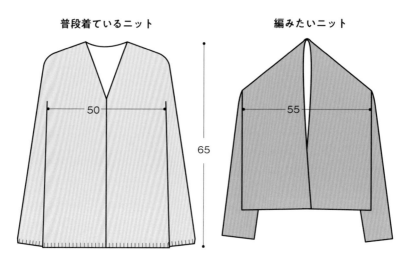

普段着ているニット　　　　　編みたいニット

50　　　　　　55　　　65

丈の短いデザインなので、身幅だけを普段のニットに合わせて5cm小さくする場合。
編みたいニットのゲージが28目30段だとすると、身幅50cmは140目になります。あとは模様がいくつ入るかを考えて均等に振り分けてください。
前身頃と後ろ身頃で脇の模様を合わさないのであれば、より簡単です。中心から均等になるように振り分けてあまった部分はそのまま模様をつなげる、またはあと少しできりがいい模様になるのならば、数目足すか減らすかします。

3. ほかのパターンに置き換えたい

この本の作品をほかのパターンで編んでみたい。ぜひぜひ！

基本的には実物大のサイズ調整の方法と同じです。編みたいパターンが横に何模様、縦に何模様入るかを割り出して余白を均等に振り分けます。実物大で考えるとイメージが湧きやすいし脇の模様合わせなどもわかりやすいのでおすすめです。

ほかのパターンに置き換えるのならばサイズだけではなく色も変えてみましょう。何枚も試し編みをするのは大変だけれど、方眼紙に写したパターンを「ブルーバージョン」「ピンクバージョン」と塗り絵感覚で楽しんでみましょう。色鉛筆を持って手を動かしているうちに好きな色のコンビネーションがわかってきます。

さぁ、
あとは編むだけ！
Enjoy！

編んでいる途中で幅や長さを時々チェックすることを忘れずに。ゲージを編んでいるときは緊張して手が硬かったけれど慣れてきたら緩くなっちゃった、なんていうこともあります。

そして棒針よりも輪針の方が緩くなりがち、ということもあります。棒針で試し編みを編んだけれど作品は輪針を使う、なんていうときは緩くならないように気をつけましょう。せっかく編むのですから、編む前の準備も万全にして出来上がりを楽しみましょう。

ボーダー

帯状のくり返し模様が
2段以上あるデザインです。
フェアアイルのような幾何学模様と
モチーフを組み合わせました。

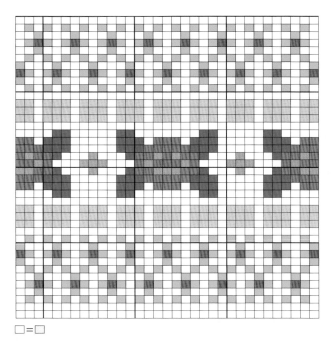

□=□

ボーダー模様のバラ

使用糸

パピー　ブリティッシュファイン

□#021 ライトベージュ　　■#080 黄緑　　□#031 ピンク

■#055 緑　　■#035 マスタード　　■#068 ローズピンク

針　棒針4号

編み地　33目×40段

ゲージ（10cm四方）　26目32段

難易度　★☆☆

Point

ボーダーのパターンの糸は横に渡しながら
編みます。裏面で地色と編み込み色の糸が
平行に渡るように編みましょう。

小さな花のリボン

使用糸

ジェイミソンズ　スピンドリフト

□#104 Natural White　　■#259 Leprechaun

■#570 Sorbet

針　棒針4号

編み地　34目×40段

ゲージ（10cm四方）　28目32段

難易度　★☆☆

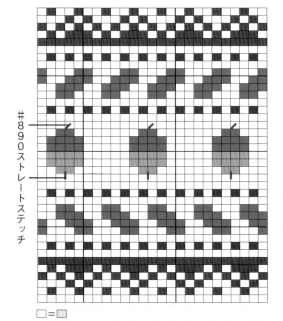

#890ストレートステッチ

□=□

オークツリー

使用糸

ジェイミソンズ　スピンドリフト

□#120 Eesit/White　　■#230 Yellow Ochre

■#524 Poppy　　■#890 Mocha　　■#815 Ivy

針　棒針4号

編み地　34目×39段

ゲージ（10cm四方）　26目32段

難易度　★☆☆

花模様のボーダー

使用糸
パピー　ブリティッシュファイン
□ #080 黄緑　　□ #001 白　　■ #006 赤　　□ #066 黄
■ #007 群青
針　棒針5号
編み地　33目×40段
ゲージ（10cm四方）　26目32段

難易度　★☆☆

Point

ボーダーのパターンは色によって雰囲気が
変わります。編む前に色鉛筆などで何パ
ターンか色を塗って、自分の好きな色の組
み合わせを探してみましょう。

フェアアイル

使用糸
パピー　ブリティッシュファイン
□ #021 ライトベージュ　　■ #068 ローズピンク
■ #092 ターコイズ　　■ #062 コバルトブルー
■ #053 濃紫　　□ #080 黄緑　　■ #091 ピスタチオ
針　棒針4号
編み地　35目×39段
ゲージ（10cm四方）　28目34段

難易度　★☆☆

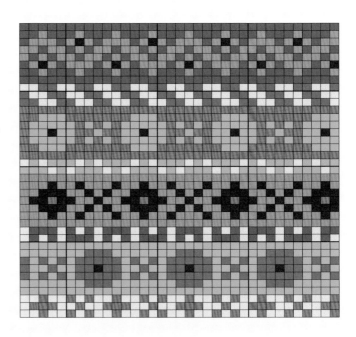

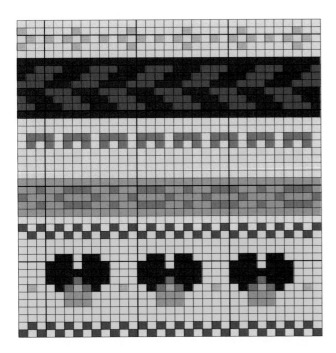

ヴィオラ

使用糸

ジェイミソンズ　スピンドリフト

☐#105 Eesit　■#788 Leaf　■#616 Anemone

■#410 Cornfield　■#600 Violet　■#136 Teviot

☐#259 Leprechaun

針　棒針 4 号

編み地　33 目 ×42 段

ゲージ（10cm 四方）　26 目 32 段

難易度　★☆☆

デイジーとクローバー

使用糸

ジェイミソンズ　スピンドリフト

■#123 Oxford　☐#342 Cashew　■#616 Anemone

☐#400 Mimosa　■#790 Celtic　☐#655 China Blue

針　棒針 4 号

編み地　33 目 ×40 段

ゲージ（10cm 四方）　26 目 32 段

難易度　★☆☆

バラとつぼみ

使用糸

a

ジェイミソンズ　スピンドリフト

■#580 Cherry　■#188 Sherbet

■#259 Leprechaun　□#390 Daffodil

■#470 Pumpkin

b

ジェイミソンズ　スピンドリフト

■#999 Black　■#525 Crimson　■#790 Celtic

□#390 Daffodil　□#104 Natural White

共通

針　棒針5号

編み地　34目×40段

ゲージ（10cm四方）　26目30段

難易度　★☆☆

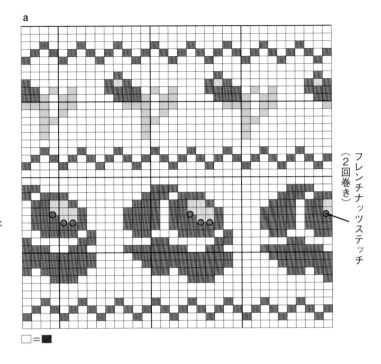

a

フレンチナッツステッチ（2回巻き）

□ = ■

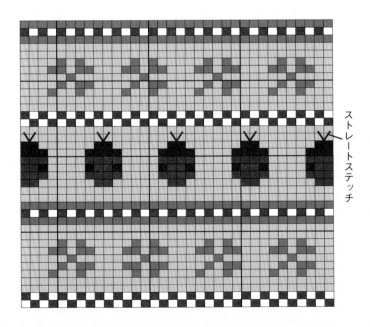

ストレートステッチ

てんとう虫とクローバー

使用糸

ジェイミソンズ　スピンドリフト

□#655 China Blue　■#999 Black　■#800 Tartan

■#500 Scarlet　□#104 Natural White

針　棒針5号

編み地　34目×38段

ゲージ（10cm四方）　26目30段

難易度　★☆☆

Point

クローバーをひとつだけ四つ葉に
しています。こんな遊び方も楽し
いですね！

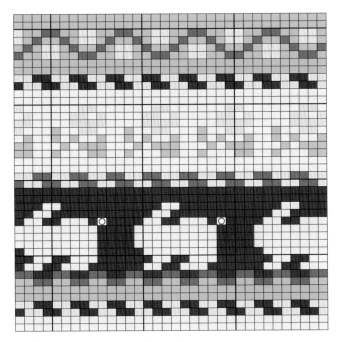

タンポポとウサギ

使用糸
パピー　ブリティッシュファイン
□#021 ライトベージュ　■#007 群青　□#066 黄
■#055 緑　■#080 黄緑
パピー　キッドモヘアファイン　□#54 ライトベージュ
針　棒針 5 号、かぎ針 3/0 号
編み地　34 目 ×42 段
ゲージ（10cm 四方）　26 目 30 段

難易度　★☆☆

※うさぎはブリティッシュファイン #021 とキッドモヘア
　ファイン #54 の 2 本取りで編む
※かぎ針で編む玉編みは 123 ページ参照

□ = 🌱
長編み 2 目の玉編み
かぎ針 3/0 号

リスとどんぐり

使用糸
ジェイミソンズ　スピンドリフト
■#342 Cashew　■#1190 Burnt Umber　■#815 Ivy
■#599 Zodiac　■#660 Lagoon
針　棒針 5 号
編み地　35 目 ×44 段
ゲージ（10cm 四方）　26 目 30 段

難易度　★☆☆

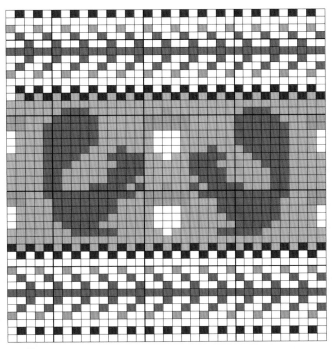

□ = □

クロスステッチ #999

ブルーベリーと野バラ

使用糸

ジェイミソンズ　スピンドリフト

□#104 Natural White　■#788 Leaf　■#684 Cobalt

■#585 Plum　■#999 Black　■#525 Crimson

針　棒針5号

編み地　36目×39段

ゲージ（10cm四方）　28目28段

難易度　★★☆

ローズ & クラウン

使用糸

パピー　アルバ

□#0130 白　■#5145 紺　■#5139 赤

□#1109 黄

針　棒針5号

編み地　41目×42段

ゲージ（10cm四方）　28目30段

難易度　★☆☆

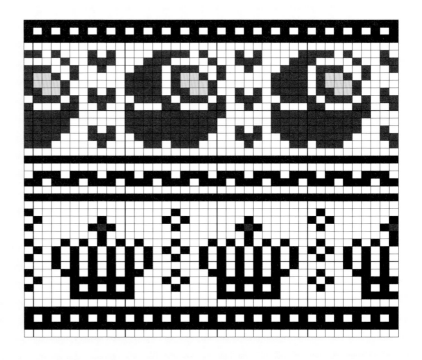

93

ベリーズ

使用糸

ジェイミソンズ　スピンドリフト

□#122 Granite　■#788 Leaf　■#585 Plum

針　棒針4号

編み地　34目×42段

ゲージ（10cm四方）　28目32段

難易度　★☆☆

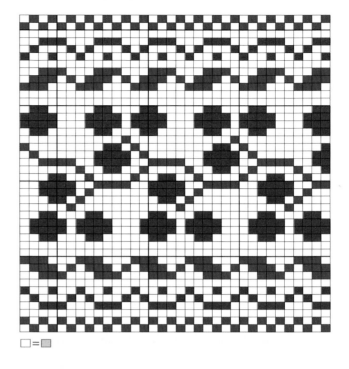

□=□

地色で編み、あとから刺繍をする

クロスステッチ

□=□ ■

フレンチナッツステッチ
（1回巻き）

夜のナデシコ

使用糸

パピー　ブリティッシュファイン

■#009 グレー　■#085 ネオンピンク　□#066 黄

パピー　キッドモヘアファイン　■#15 グレー

■#44 オペラ

針　棒針5号

編み地　34目×40段

ゲージ（10cm四方）　26目28段

難易度　★☆☆

※ブリティッシュファインとキッドモヘアファイン
　の2本取りで編む

Point

刺繍の色がアクセントになっているパターンです。毛糸に限らず刺繍糸など好みの色を使いましょう。

フレンチナッツステッチ
（2回巻き）

ブルーポピー

使用糸

ジェイミソンズ　スピンドリフト

□ #105 Eesit　■ #710 Gentian　■ #676 Sapphire

■ #790 Celtic　□ # 1160 Scotch Broom

針　棒針4号

編み地　34目×39段

ゲージ（10cm四方）　28目32段

難易度　★☆☆

□＝□

黄色いバラ

使用糸

ジェイミソンズ　スピンドリフト

□ #104 Natural White　□ #660 Lagoon

■ #800 Tartan　■ #684 Cobalt　□ # 400 Mimosa

針　棒針5号

編み地　33目×40段

ゲージ（10cm四方）　26目30段

難易度　★☆☆

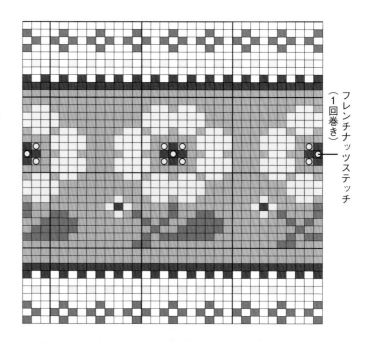

フレンチナッツステッチ（1回巻き）

イギリス伝統のティーポット、ブラウンベティを90ページのウサギと組み合わせました。ティーコジーとマットはポットのお茶の温度をキープしてくれるので、ティータイム好きには必須のアイテム。ぜひ自宅のポットのサイズに合わせて編んでください。

how to make...P.148

短めのリストウォーマーは早く作れるのも魅力です。ボーダー柄や小さな連続模様なら360度ぐるりとかわいくて、コーディネートのポイントにもなります。86ページのヴィオラと16ページのキノコ模様で。
how to make...P.150

1色模様

アラン模様や透かし模様の
ように1色で編む立体模様です。
複雑そうに見えますが、
基本的に同じ編み方のくり返しです。

a

b

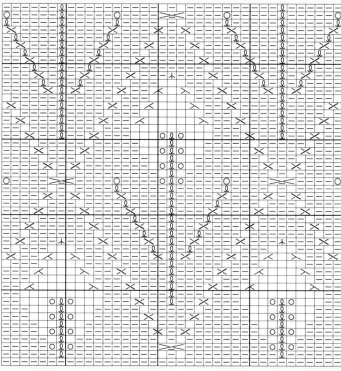

a

葉っぱと実

a
使用糸
パピー　モナルカ　□#901 白
針 棒針7号、かぎ針6/0号、縄編み針
編み地 37目×48段
ゲージ（10cm四方）30目22段

b
使用糸
パピー　シェットランド　■#16 青
パピー　キッドモヘアファイン
■#48 ブルーグリーン
針 棒針6号、かぎ針5/0号、縄編み針
編み地 37目×48段
ゲージ（10cm四方）20目30段
※シェットランドとキッドモヘアファインの2本
　取りで編む

難易度 ★☆☆

※棒針で編む玉編みは122ページ参照

🔲 棒針の1段の玉編み
かぎ針で引き抜き
くさり編み1目
右上3目一度
引き抜き
編み出した目に
＝ Ｉ ○ Ｉ
編み出し増し目

コリンゴの木

使用糸
パピー　チャスカ　■#50 ベージュ
針 棒針4号、かぎ針3/0号
編み地 25目×62段
ゲージ（10cm四方）24目32段

難易度 ★★☆

※棒針で編む玉編みは122ページ参照

🔲 棒針の1段の玉編み
かぎ針で引き抜き
くさり編み1目
右上3目一度
引き抜き
編み出した目に
＝ Ｉ ○ Ｉ
編み出し増し目

Point
自然の木々の様子を思い浮かべ
ながら編みましょう。玉編みの
部分の色を変えたり、ビーズな
どに置き換えても楽しそう！

□ ＝ ▨

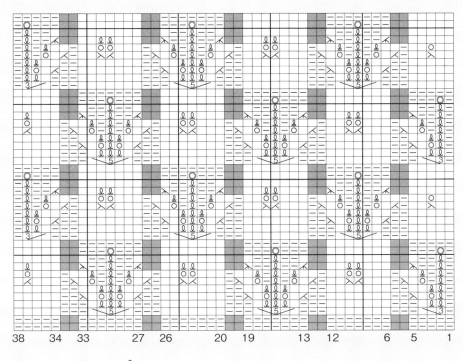

※棒針で編む玉編みは122ページ参照

38 34 33　　27 26　　20 19　　13 12　　6 5　　1

□ 棒針の1段の玉編み
かぎ針で引き抜き
引き抜き
編み出した目に
引き抜き
くさり編み1目
右上3目一度
• ＝ 編み出し増し目

チューリップ

使用糸
パピー　アルバ　□#0130 白
針　棒針5号、かぎ針4/0号
編み地　38目×42段
ゲージ（10cm四方）　28目36段

難易度 ★★★

※棒針で編む玉編みは122ページ参照

3目一度
1目から3目編み出し増し目

玉編みのベリー（トリニティステッチ）

使用糸
パピー　アルバ　■#1170 ピンク
パピー　キッドモヘアファイン　■#44 オペラ
針　棒針7号
編み地　26目×36段
ゲージ（10cm四方）　20目24段

難易度 ★★☆

※アルバとキッドモヘアファインの2本取りで編む
※トリニティステッチの編み方は125ページ参照

□＝■■
「1目から3目編み出し増し目」と
「3目一度」を裏面でくり返す

a

b

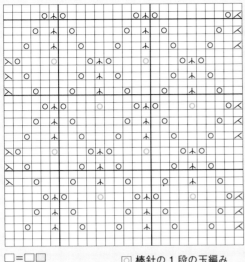

木の葉の透かし模様

使用糸
パピー　ニュー 2PLY　□#260 黄
パピー　キッドモヘアファイン　□#51 レモンイエロー
針　棒針 5 号、かぎ針 4/0 号
編み地　26 目 ×32 段
ゲージ（10cm四方）　20 目 29 段

難易度　★★☆

※ニュー 2PLY とキッドモヘアファインの 2 本取りで編む

Point
どちらもコットンからカシミヤモ
ヘアまで似合うパターンです。
じっくり丁寧に編みましょう。

□＝□□

◎ 棒針の 1 段の玉編み
かぎ針で引き抜き　　くさり編み 1 目

右上 7 目一度
編み出した目に引き抜く　＝ |O|O|O|O|
編み出し増し目

a

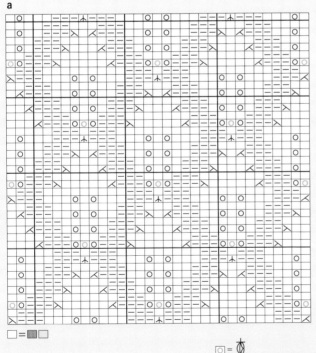

ヒイラギ

a
使用糸
パピー　ブリティッシュファイン　■#091 ピスタチオ
パピー　キッドモヘアファイン　□#51 レモンイエロー
針　棒針 6 号、かぎ針 5/0 号
編み地　33 目 ×41 段
ゲージ（10cm四方）　24 目 30 段

b
使用糸
パピー　アルバ　■#1185 緑　■#5139 赤
針　棒針 6 号、かぎ針 5/0 号
編み地　33 目 ×41 段
ゲージ（10cm四方）　24 目 32 段

難易度　★★☆

※a はブリティッシュファインとキッドモヘアファインの
　2 本取りで編む。b は玉編みの部分のみ赤で編む

□＝■□

◎＝
中長編み 2 目の玉編み
かぎ針 5/0 号

106

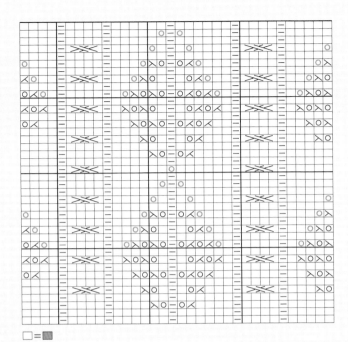

□ = ▨

実のついた木

使用糸
ローワン　フェルテッドツイード　□#213 黄緑
針　棒針 5 号、かぎ針 4/0 号、縄編み針
編み地　34 目 ×40 段
ゲージ（10cm 四方）　26 目 32 段

難易度　★★☆

※かぎ針で編む玉編みは 123 ページ参照

□ = ◗

中長編み 2 目の玉編み
かぎ針 4/0 号

Point

透かし部分の 2 目一度に注目しましょう。◺（左上）◿（右上）の組み合わせで模様ができています。この場合は、木から伸びた枝をあらわしています。

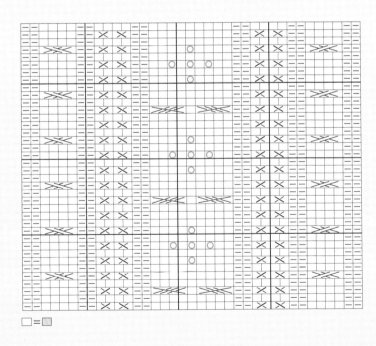

□ = ▨

交差模様と玉編みの花

使用糸
パピー　アルバ　□#1109 黄
針　棒針 5 号、かぎ針 4/0 号、縄編み針
編み地　37 目 ×38 段
ゲージ（10cm 四方）　26 目 32 段

難易度　★★☆

※棒針で編む玉編みは 122 ページ参照

◙ 棒針の 1 段の玉編み
かぎ針で引き抜き

引き抜き　編み出した目に引き抜き　くさり編み 1 目　右上 3 目一度

◖ = │ ○ │　編み出し増し目

a

b

a

スズラン

使用糸

a
パピー　チャスカ　□#10 白
針　棒針 5 号、かぎ針 4/0 号
編み地　27 目 ×38 段
ゲージ（10cm 四方）　26 目 32 段

b
パピー　アルバ　■#1185 緑　□#0130 白
針　棒針 5 号、かぎ針 4/0 号
編み地　36 目 ×38 段
ゲージ（10cm 四方）　24 目 32 段

難易度　★☆☆

※棒針で編む玉編みは 122 ページ参照

b はここに 4 目の
透かし模様を入れる

b はここに 4 目の
透かし模様を入れる

◙ 棒針の 1 段の玉編み

かぎ針で引き抜き

引き抜き

くさり編み 1 目
右上 3 目一度

編み出した目に
編み出し増し目

3 ＝ │○│

アラン模様のブーケ

使用糸
パピー　シェットランド　□#50 白
針　棒針 5 号、かぎ針 4/0 号、縄編み針
編み地　31 目 ×40 段
ゲージ（10cm 四方）　24 目 36 段

難易度　★★☆

※かぎ針で編む玉編みは 123 ページ、
　スモッキングの編み方は 126 ページ参照

◙ ＝
中長編み 2 目の玉編み
かぎ針 4/0 号

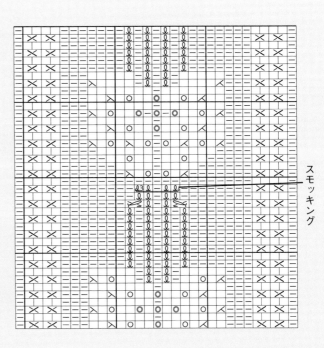

スモッキング

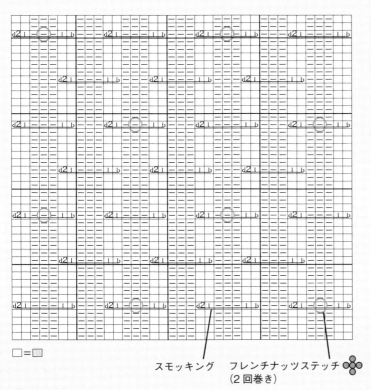

□ = □

スモッキング　フレンチナッツステッチ（2回巻き）

スモッキングの花

使用糸
パピー　アルバ　□#1109 黄
パピー　ブリティッシュファイン
□#091 ピスタチオ
針　棒針5号、縄編み針
編み地　37目×44段
ゲージ（10cm四方）　24目34段

難易度　★☆☆

※スモッキングの編み方は126ページ参照

Point
両方とも見た目よりも簡単な編み地です。クッションやベビー用のブランケットなどを編んでもかわいいです。

チロリアン

使用糸
パピー　アルバ
■#5145 紺　■#5139 赤　■#1185 緑
針　棒針5号、かぎ針4/0号
編み地　34目×41段
ゲージ（10cm四方）　26目34段

難易度　★☆☆

※棒針で編む玉編みは122ページ参照

◎ ◎ 棒針の1段の玉編み
かぎ針で引き抜き
引き抜き　編み出した目に　くさり編み1目
引き抜き　編み出し増し目　右上3目一度
3 = │ │○│ │
編み出し増し目

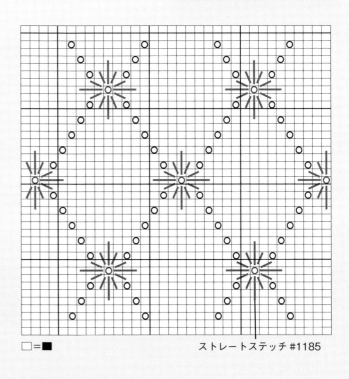

ストレートステッチ #1185

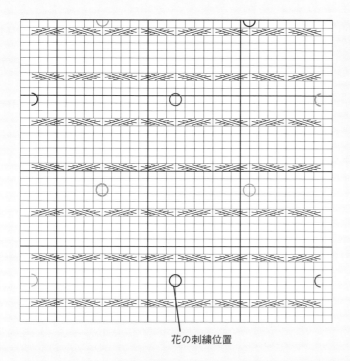

花の刺繍位置

フレンチナッツステッチ
（2回巻き）

バリオンローズステッチ
（5回巻き）

レイジーデイジーステッチ ─── ストレートステッチ

アラン模様の庭

使用糸

パピー　シェットランド　□#50 白

パピー　ブリティッシュファイン（すべて刺繍）

□#066 黄　■#080 黄緑　■#031 ピンク　□#074 水色

■#006 赤　■#068 ローズピンク

針　棒針5号、縄編み針

編み地　34目×40段

ゲージ（10cm四方）　38目34段

難易度　★☆☆

※ウェアを編むときは針の号数を1号あげて編み、もう
　少し緩い編み地のほうがよい

Point

刺繍は手持ちの中細糸を使えば
楽しく残糸処理ができます。光
沢のあるコットンの糸を使うと
雰囲気が変わります。

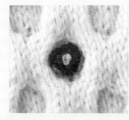 

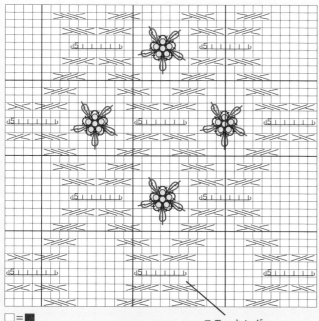

□ = ■

スモッキング

フレンチナッツステッチ　　レイジーデイジーステッチのアレンジ
（1回巻き）

レイジーデイジーステッチ
の中にストレートステッチ

ケーブル＆スモッキング

使用糸

パピー　アルバ　■#5139 赤

パピー　ブリティッシュファイン（すべて刺繍）

□#001 白　□#066 黄　■#055 緑

針　棒針6号、縄編み針

編み地　34目×39段

ゲージ（10cm四方）　30目36段

難易度　★☆☆

※スモッキングの編み方は126ページ参照

鮮やかなピンクのモヘアが印象
的なロングハンドウォーマーで
す。コリンゴの木の縦に長いデ
ザインはロングハンドウォー
マーにぴったりです。軽くふわ
ふわの質感のモヘアの糸は編み
加減が難しい場合もあるので、
まずはここから始めてみても。
how to make...P.152

スズランの純真なイメージと
白いモヘアの透け感と上品さ
がこれ以上ない組み合わせで
す。長いフードつきショール
ですが、驚くほど軽くやわら
かい。じっくり時間をかけて
編みたい、憧れの1枚です。
how to make...P.160

ユニークな形の透かし模様のウェアです。ゆったりとボリュームのあるデザインもレースの透け感があるので、重くならずに軽やかに着こなせます。襟と袖はスモッキングのデザイン。同系色の糸で刺繍を入れてポイントにしました。
how to make...P.145

スワッチで作れるもの

スワッチ1枚を使って簡単に、接ぎ合わせてパッチワークのかわいらしさを。自分の好きなスワッチで作ってください。

花の部分だけで作るブローチ。中につつみボタンをくるんで丸や楕円の形にします。洋服やバッグのアクセントに。
how to make...P.154

90ページのリスをコースターにしました。目としっぽのふさふさ感はあとから刺繍を加えています。裏にフェルトをつけてしっかりとした仕立てにしました。
how to make...P.156

10ページの小さなバラと50ページのつぼみのバラを使いました。ふわっとした編み地のやさしさが心地よいピンクッションです。作るときは、ベースになる入れ物に合わせてサイズを調整してください。
how to make...P.157

花一輪がちょうど絵になる小さなサイズです。ひとつだけでもかわいく、たくさん並べて飾るのもおしゃれです。編み地に刺繍を入れたりアレンジを楽しみましょう。
how to make...P.158

好きな編み地をつないだパッチワークバッ
グ。同じサイズの正方形を12枚と底の長方
形1枚を接ぎ合わせます。くり返し模様は途
中で模様が切れるのも自然でかわいい。試し
編みを無駄なく使えます。
how to make...P.168

モチーフをつないだパッチワークショールは
いろいろな編み地を楽しめる1枚です。細い
部分にボーダーをいかしたり、大きく一輪を
入れたり、どこにどの編み地を入れようかと
考えるのも楽しい時間です。最後に縁を編ん
でレトロかわいい雰囲気に仕上げます。
how to make...P.176

玉編みの編み方

Lesson 5

棒針で編むタイプと、かぎ針で編むタイプがあります。棒針は大きな玉編みを作りたいときに、かぎ針は小さな玉を楽に編めるのが特徴です。

棒針で編む　1段の玉編み（玉編み部分3目5段）　　※かぎ針は棒針よりも1号小さいものを使う

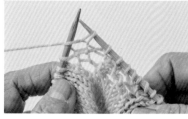

1　108ページのすずらんを編みます。左の針から糸を外さずに3目の編み出し増し目をします。まず表目で1目編みます。

2　次に右の針に糸をかけてかけ目をします。左の針から編み出している目は外しません。

3　3目めは同じ目に針を入れて表目を編み、左の針から編み出している目を外します。これで1目から3目の増し目になりました。

4　裏返して増し目の3目を裏目で編みます。写真は編んだところです。

5　表に返して3目を表目で編み、裏返して裏目で編みます。次は表に返してかぎ針に3目を移します。

6　かぎ針に糸をかけて3目を引き抜き、右上3目一度を編みます。

7　そのまま編み出した目にかぎ針を入れ、糸をかけて引き抜きます。

8　引き抜いて、くさり編みを1目編みます。

9　この1目を元の棒針にかければ玉編み部分の完成です。

10　ぽこっとした大きめの玉編みができます。

1 玉編み部分の色を変えて編みます。1目めを編むときに棒針でなくかぎ針で糸をかけて引き出します。左の針から糸は外さずにそのままにします。

2 そのまま2目くさり編みをします。

3 同じ目にかぎ針を入れて途中までの中長編みを2目編みます。中長編みは最初のくさり編みの長さに合わせてください。ここで左の針から編み出している目を外します。

4 かぎ針に糸をかけ、3目（針にかかっている糸は5本）を引き抜きます。根元を指で押さえるとやりやすくなります。

5 さらにくさり編みを1目編みます。この1目を元の棒針にかければ玉編みの完成です。

6 最後のくさり編みを玉編みの糸で編むか（左）、地色の糸で編むか（右）で次の段に玉編みの色が残るかどうかが変わり、見た目が少し変わります。

102ページのチューリップは玉編み部分が3目5段の棒針の1段の玉編み。

28ページのUP & DOWN タンポポは、中長編み2目の玉編み。

ラトビアンブレードの編み方

Lesson 6

2色交互の模様が特徴なので、糸を2色用意してください。ダブルのラトビアンブレードで解説します。

1　ラトビアンブレードの前の段を表目で、2色交互に編みます。

2　糸を前に出して裏目を編みます。

3　次の色も同様に糸を前に出して裏目を編みます。

4　3目めは白なので、白の糸を赤の糸の下を通して左側に持ってきます。

5　3目めを裏目で編みます。あまりきつく編まないのがポイントです。

6　4目めは赤なので、赤の糸を白の糸の下を通して左側に持ってきて裏目を編みます。

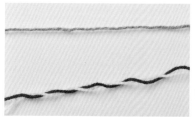

7　2本の糸がねじれてくるので、編みながらねじりを戻します。

8　2色を交互に、糸を下に通して裏目を編むことをくり返します。端まで編めました。1段だけのラトビアンブレードの場合は、ここで完成です。

9　次の段は往復編みなので裏返して表目を編みます。このときも前の段と同様に糸は前の糸の下を通して左側に持ってきて編みます。

10　前の段と同じ色を2色交互に編みます。輪で編むときは表側だけを見て編むので、裏目で前の糸の上を通して編んでください。

11　端まで編めたらダブルのラトビアンブレードの完成です。1段だと斜めに、2段だと横向きのV字が並んだようになります。

Lesson 7

トリニティステッチの編み方

102ページのポコポコとした模様が並んだ編み方です。

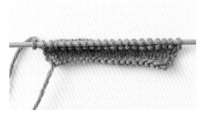

1 まず1段裏目を編みます。

2 2段めは裏返して1目裏目を編み、2目めから3目の編み出し増し目をします。1目表目で編み、左の針から糸を外さずに糸を前に持ってきて同じ目に裏目を編みます。

3 3目めは糸を後ろに持っていき、同じ目に表目を編みます。1目から表・裏・表で編み、3目になりました。

4 次の目は裏目で左上3目一度を編みます。右の針を3目一度に通し、裏目で1目編みます。

5 次は3目の編み出し増し目、左上3目一度をくり返して端まで編みます。

6 表に返して1段ガーター編みを端まで編みます。

7 ここまでで3段が編めました。

8 4段めは端の1目を裏目で編み、裏目で左上3目一度を編みます。右の針を3目一度に通し、裏目で1目編みます。

9 次に3目の編み出し増し目をします。1目から表・裏・表で編みます。4段めは2段めと順番が逆になり、左上3目一度、3目の編み出し増し目の順です。

10 これで4段1セットが編めました。この4段1セットをくり返します。

ぽこぽことした立体模様が出来上がります。

Lesson 8 スモッキングとノットの編み方

糸を巻いたりかぶせたりして横に渡った模様を作ります。

7目2回巻きのスモッキング

1　110ページのスモッキングの花を編みます。スモッキングをしたあと、裏目を3目編みます。

2　ここからスモッキングです。表目2目、裏目3目、表目2目を編みます。

3　編んだ7目を縄編み針に移します。

4　移した7目に時計と反対回りに糸を2回巻きます。

5　2回巻いたところです。糸の引き具合によって変わるので、きつくなりすぎないようにします。

6　縄編み針から右の棒針に7目を戻します。

7　巻いた糸が戻らないように糸を引いておきます。

8　そのまま続けて次の目を編みます。これでスモッキングの完成です。

6目5巻きのノットと刺繍。ケーブル編みと組み合わせると、より立体感が出ます。

3目の左目に通すノット

1 24ページのノットを編みます。ノットの最初は、右の針に糸をかけるかけ目をします。

2 右の針を左の針の3目めに入れます。そのまま前の2目にかぶせて針から外します。

3 右の針はかけ目、左の針は2目にループがかかった状態です。

4 ループがかかった2目を1目ずつ表目で編みます。

5 かけ目の部分に穴があいた状態になります。

6 これをくり返せば完成です。

<table>
<tr><td>Lesson
9</td></tr>
</table>

メリヤス刺繍のしかた

編み込みにしなくても、あとから編み込みのように色や模様を足すことができます。

1 花の中央に花芯を刺します。刺繍針に糸を通し、裏に渡っている糸を割って通します。こうすることで糸が抜けるのを防ぎます。

2 刺したい目の下中心に針を出し、上の目の左右の糸をすくって糸を引きます。

3 1の下中心に針を入れて糸を引きます。

4 これで1目刺せました。

5 続けて刺すときは同様に、目の下中心に針を出し、上の左右の糸をすくいます。

6 花芯が刺せました。少しの部分なら編み込みよりもメリヤス刺繍が便利です。裏で渡っている糸を割って通し、糸始末をします。

Lesson 10 スワッチ同士のとじかた

ショールやバッグなどスワッチ同士をつなぐ場合のとじかたです。

1 スワッチを2枚用意します。

2 2枚を中表に合わせてまち針で止めます。両端、中央、その間に長さを合わせて止めます。

3 使った棒針よりも1号小さいかぎ針を使います。1段目の縦の目にかぎ針を入れます。

4 かぎ針に糸を引っかけて引き抜き、さらに糸をかけて引き抜きます。

5 次の目にかぎ針を入れて糸を引き抜き、さらに前の目も引き抜きます。ガーター編みの場合は2段にひとつのあいている部分に通します。

6 続けてとじていきます。表はチェーンステッチ、裏はバックステッチのようにつながります。

7 とじれたらアイロンを当てて縫い目を割り、平らにします。

How to make

作 品 の 編 み 方 と 作 り 方

・図中の数字の単位はcmです。

・作品の出来上がりは、図の寸法と差の出ることがあります。

・糸はメーカー名、商品名、色番号、色名、必要量の順に表記しています。

・ゲージは10cm四方の中の目数と段数をあらわしています。

・輪に編むときは、輪針か4本針のどちらでもかまいません。

・材料は足りる分量を表記していますが、少し多めの分量をご用意ください。
　ハンドウォーマーなどは1組分です。

・パターンの編み図はカラーページも参照してください。

・編み方は各プロセスページも参照してください。

製 図 と 編 み 図 に つ い て

・編み図と製図の両方を掲載しています。

【編み図】

編み図は編み目記号を表示した図で1マスが1目1段です。編み地を表側から見た状態の記号です。輪に編むときはずっと表を見て編むので記号通りに編みますが、往復編みの場合は編み地の向きが変わるので奇数は表側、偶数は裏側を見ながら編みます。表側は記号通りですが、裏側は記号と逆の目（記号が表目なら編むのは裏目）を編んでください。同じ記号をくり返すときは破線で図の省略をしています。ページをまたぐときは合印で続きを表示しています。

【製図】

❶最初の目数とサイズ、輪に編むか往復編みか、拾い目をするのかなどの始め方が表記されています。

❷編み地の種類と使用針。

❸編み始めの位置と編み進む方向。

❹❺編む段数とサイズ。❹は編み目や糸が変わったり、変化のある部分ごとの段数です。❺は全体を通しての段数を表記しています。

❻輪に編む場合の破線。

❼増減目の一覧。減らし目や増やし目のくり返しを表記しています。下から上に読みます。この場合、左から「1段ごとに1目を8回減らす」となります。

❽編み終わりの方法。編み目の止め方を表示しています。伏せ止めは棒針でもかぎ針でもかまいません。

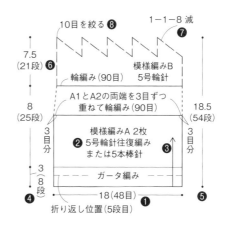

▶道具と材料

糸
パピー ブリティッシュファイン
#003 紺　250g
#066 黄　45g
#080 黄緑　45g

その他
好みでミニベルトパーツ1組

針
棒針5号(前身頃)、4号(後ろ身頃、
袖、裾)
かぎ針2/0号

▶ゲージ
前身頃26目30段
後ろ身頃と袖30目32段

▶編み方と作り方

① 指でかける作り目から編み図通りに編み、糸始末をしてスチームアイロンをかける。
② 前身頃2枚を中表に合わせてかぎ針で引き抜きはぎをする。
③ 前身頃と後ろ身頃を中表に合わせ、かぎ針で引き抜きはぎをする。袖を同様にとじ、脇をかぎ針でとじる。
④ 仕上げにスチームアイロンをかけて整える。
⑤ 好みでベルトパーツやボタンなどをつける。

※バターカップの編み図は13ページ参照。

【模様編み図A 身頃裾&袖口】

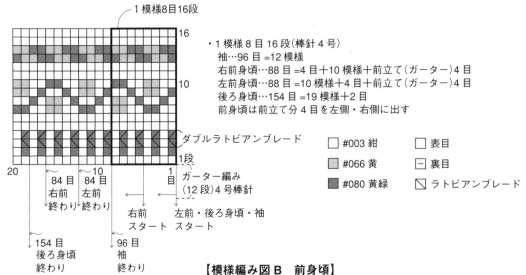

1模様8目16段

・1模様8目16段(棒針4号)
　袖…96目=12模様
　右前身頃…88目=4目+10模様+前立て(ガーター)4目
　左前身頃…88目=10模様+4目+前立て(ガーター)4目
　後ろ身頃…154目=19模様+2目
　前身頃は前立て分4目を左側・右側に出す

ダブルラトビアンブレード

□	#003 紺	□	表目
□	#066 黄	□	裏目
■	#080 黄緑	◪	ラトビアンブレード

ガーター編み(12段)4号棒針

20 84目 右前 終わり 10 84目 左前 終わり 1目

右前 スタート 左前・後ろ身頃・袖 スタート

154目 後ろ身頃 終わり 96目 袖 終わり

【模様編み図B 前身頃】

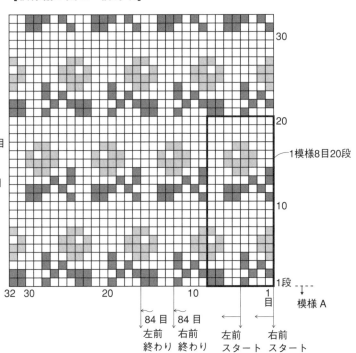

・1模様8目20段(棒針5号)
　右前身頃…88目=10模様+4目+前立て(ガーター)4目
　178段=8模様+18段
　左前身頃…88目=4目+10模様+前立て(ガーター)4目
　178段=8模様+18段

1模様8目20段

32 30 20 10 1目

84目 左前 終わり 84目 右前 終わり 左前 スタート 右前 スタート

模様A

【模様編み図 C　後ろ身頃と袖】

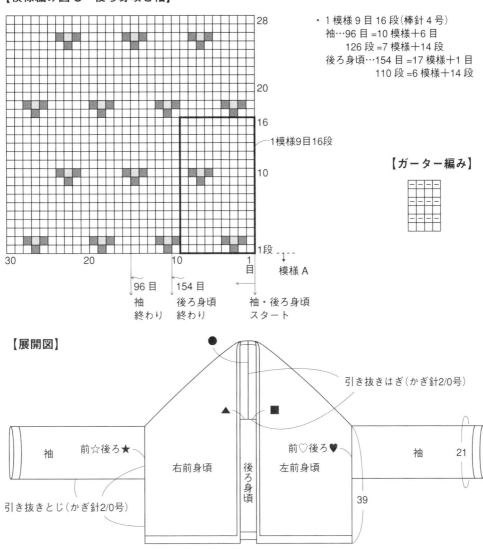

- 1模様9目16段(棒針4号)
  袖…96目＝10模様＋6目
  　　126段＝7模様＋14段
  後ろ身頃…154目＝17模様＋1目
  　　　　110段＝6模様＋14段

【ガーター編み】

1模様9目16段

96目 袖 終わり

154目 後ろ身頃 終わり

袖・後ろ身頃 スタート

模様 A

【展開図】

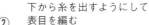

引き抜きはぎ(かぎ針2/0号)

袖　前☆後ろ★

前♡後ろ♥　袖　21

右前身頃

後ろ身頃

左前身頃

引き抜きとじ(かぎ針2/0号)

39

44.5　　　32　　　32

ダブルラトビアンブレード（往復編みの場合）

＊ラトビアンブレードは編むうちに2色の糸がねじれてくるので時々ねじれ（からんでいる）をとりながら編む

① 下から糸を出すようにして裏目を編む

② 下から糸を出すようにして表目を編む

＞＞＞＞＞

表側から見ると、上図のような模様になる

模様編み A を 2 段目まで編み、3 段目は図のように黄緑（#080）と地色の糸（#003）を編み地の手前にして 1 目ごとに下から糸を出すようにして裏目を編む

4 段目（裏側）で往復編みで編む糸を編み地の表側に置いたまま表目で糸を手前の糸の下から出すようにして編む

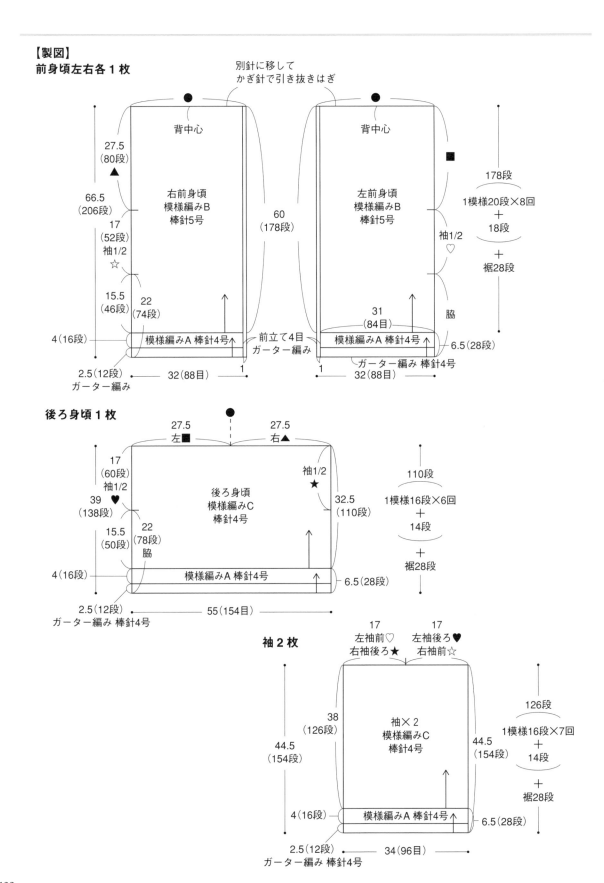

【製図】
前身頃左右各1枚

別針に移して
かぎ針で引き抜きはぎ

背中心

背中心

27.5
(80段)
▲

右前身頃
模様編みB
棒針5号

左前身頃
模様編みB
棒針5号

66.5
(206段)

60
(178段)

178段

1模様20段×8回
＋
18段
＋
裾28段

17
(52段)
袖1/2
☆

袖1/2
♡

15.5
(46段)

22
(74段)

31
(84目)

脇

4(16段)

模様編みA 棒針4号↑

前立て4目
ガーター編み

模様編みA 棒針4号↑

6.5(28段)

2.5(12段)
ガーター編み

32(88目)

1

ガーター編み 棒針4号

1

32(88目)

後ろ身頃1枚

27.5
左■

27.5
右▲

17
(60段)
袖1/2
♥

後ろ身頃
模様編みC
棒針4号

袖1/2
★

32.5
(110段)

110段

1模様16段×6回
＋
14段
＋
裾28段

39
(138段)

15.5
(50段)

22
(78段)
脇

4(16段)

模様編みA 棒針4号

6.5(28段)

2.5(12段)
ガーター編み 棒針4号

55(154目)

袖2枚

17
左袖前♡
右袖後ろ★

17
左袖後ろ♥
右袖前☆

38
(126段)

袖×2
模様編みC
棒針4号

126段

1模様16段×7回
＋
14段
＋
裾28段

44.5
(154段)

44.5
(154段)

4(16段)

模様編みA 棒針4号↑

6.5(28段)

2.5(12段)
ガーター編み 棒針4号

34(96目)

▶道具と材料

糸
ジェイミソンズ スピンドリフト
#105 Eesit　230g
#259 Leprechaun　40g
　　55cm×292本にカット
#188 Sherbet　12g
#570 Sorbet　12g
　　#188と#570は花の刺繍用

※デイジーの編み図は26ページ、
編み方は27ページ参照。

その他
フェルト黄色系2色20×20cm
各2枚

針
棒針4号
かぎ針3/0号

▶ゲージ
28目32段

▶編み方と作り方
①指でかける作り目から編み図通りに編み、
　後ろ身頃のみ伏せ目をする。糸始末をして
　スチームアイロンをかける。
②花を刺繍する。
③前身頃2枚を中表に合わせてかぎ針で引き抜
　きはぎをする。
④前身頃と後ろ身頃を中表に合わせ、かぎ針
　で引き抜きはぎをする。
⑤袖ぐりを残し、脇をかぎ針でとじる。
⑥水通しをして乾かす。

【模様編み図 B】

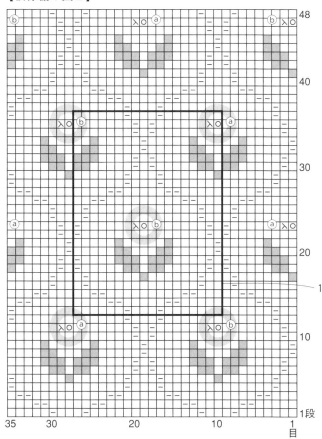

1模様18目24段

□ 表目

− 裏目

⊼ 左上2目一度

⊼ 右上2目一度

○ かけ目

□ #105 Eesit

■ #259 Leprechaun （55cm×292本）

ⓐ #188 Sherbet （40cm×133本）

ⓑ #570 Sorbet （40cm×135本）

※模様の数だけカットする

【デイジーの刺繍】
①フェルト2〜2.5cm角を編み地裏側の花の中心の
　透かし目に合わせて縫いつける
②表面をみながらブランケットステッチを刺す
③余分なフェルトを丸くカットする

※フェルトは色落ちや縮みがあるため、事前に2〜
　2.5cm角に切り、ぬるま湯でもみ洗いをして乾か
　したものを使う
※毛糸は、ひとつの花に必要な長さ（40cm程度）に
　カットしておくと便利

①

フェルト
（268枚）

編み地裏側の花中心にフェルトを
合わせて縫いつける

③余分をカットする
フェルト
ⓐ山吹色（133枚）
ⓑレモンイエロー（135枚）

② ブランケットステッチ（#188、#570）

（表側）

1.5cmくらい

中心にフェルトが見える

【編み図】

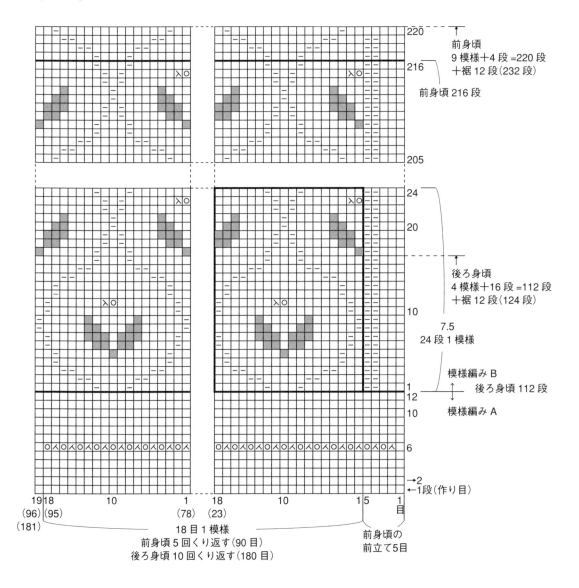

前身頃
9模様＋4段 =220段
＋裾12段（232段）

前身頃216段

後ろ身頃
4模様＋16段 =112段
＋裾12段（124段）

7.5
24段1模様

模様編み B

後ろ身頃112段

模様編み A

→2
←1段（作り目）

目

18目1模様
前身頃5回くり返す（90目）
後ろ身頃10回くり返す（180目）

前身頃の
前立て5目

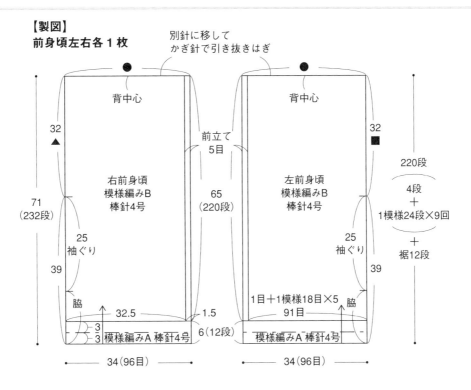

【製図】
前身頃左右各1枚

別針に移して
かぎ針で引き抜きはぎ

背中心　　　背中心

前立て
5目

32　▲　　　　32　■

右前身頃
模様編みB
棒針4号

左前身頃
模様編みB
棒針4号

65
(220段)

220段
4段
＋
1模様24段×9回
＋
裾12段

71
(232段)

25
袖ぐり　　25
袖ぐり

39　　　39

脇　　　脇

32.5　　1.5

1目＋1模様18目×5
91目

3
3　模様編みA 棒針4号　6(12段)　模様編みA 棒針4号

34(96目)　　34(96目)

後ろ身頃1枚

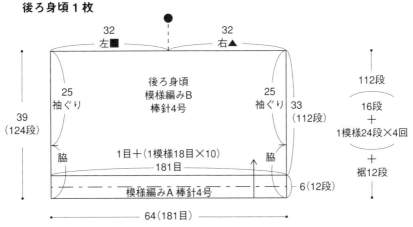

32　　　32
左■　　　右▲

後ろ身頃
模様編みB
棒針4号

25
袖ぐり　　25
袖ぐり　33
(112段)

112段
16段
＋
1模様24段×4回
＋
裾12段

39
(124段)

脇　　1目＋(1模様18目×10)　　脇
181目

模様編みA 棒針4号　6(12段)

64(181目)

【展開図】

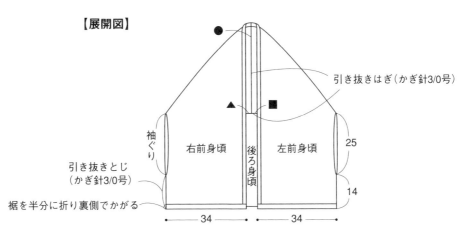

引き抜きはぎ(かぎ針3/0号)

▲　　■

袖
ぐ
り　　右前身頃　　後
ろ
身
頃　　左前身頃　　25

引き抜きとじ
(かぎ針3/0号)

14

裾を半分に折り裏側でかがる

34　　　34

▶道具と材料

糸

パピー ブリティッシュファイン
#024 チャコールグレー　60g
#080 黄緑　12g
　100cm×50本にカット
#091 ピスタチオ　6g
　45cm×50本にカット
パピー キッドモヘアファイン
#15 グレー　30g

※#024と#15を2本取りで編む
※ヤドリギの編み図は31ページ
　参照。

その他

直径5cm つつみボタン1個
厚手フェルト5×5cm
キルト綿（ドミット芯）5×5cm
厚紙4.5×4.5cm
長さ3.5cm ブローチピン1個

針

棒針5号
かぎ針4/0号
縄編み針

▶ゲージ

24目28段

▶編み方と作り方

①指でかける作り目から編み図通りに編み、伏せ目をする。糸始末をしてスチームアイロンをかける。
②表面を見ながらすくいとじをして輪にする。
③上下のふち編みを6段で裏面へ折りまつる。
④スチームアイロンで整える。
⑤ブローチを作る。編み図通りに編み、伏せ目をする。糸始末をしてスチームアイロンをかける。
⑥キルト綿をつつみボタンにボンドで貼る。
⑦編み地のきわをぐし縫いしてつつみボタンにかぶせ、ぐし縫いを引き絞って模様の位置を合わせる。
⑧裏面に厚紙をボンドで貼る。
⑨ブローチピンをフェルトに通し、厚紙の上にフェルトをボンドで貼る。

【製図】

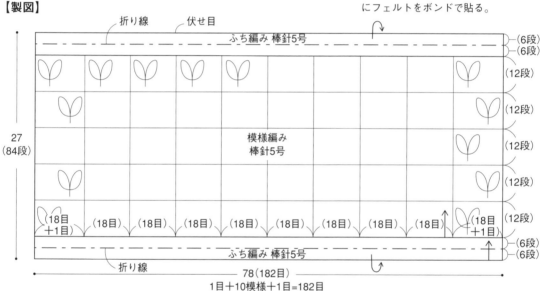

27（84段）
78（182目）
1目＋10模様＋1目＝182目

【仕立て方】

①表面を見ながら両端をすくいとじにして輪にする
②上下のふち編みを裏側へ折りまつりつける
（裏）

【ブローチの作り方】

①
直径5cm つつみボタン
キルト綿 5
編み地
ボンドで貼る
編み地のきわを円にぐし縫いし、キルト綿を貼ったつつみボタンにかぶせる

②
厚紙 4.5
裏側
糸を引いて編み地をつつみボタンの大きさに合わせ、表側の模様の位置を確認する
裏に厚紙をボンドで貼る

③
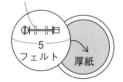
フェルトに切り込みを入れてブローチピンを通し、中心を縫い止める
5 フェルト
厚紙
表面とピンの方向を確認して厚紙の上にフェルトをボンドで貼る

【ふち編み図】

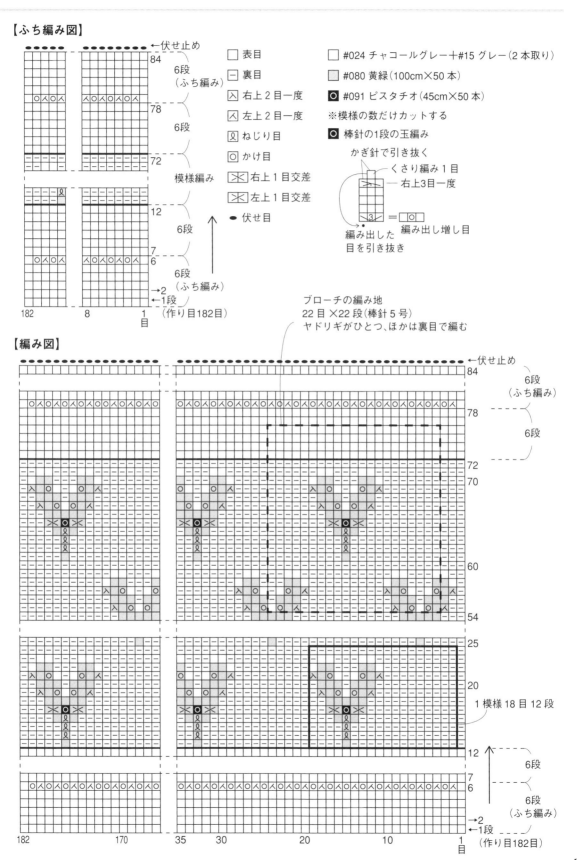

□ 表目
- 裏目
⋏ 右上2目一度
⋌ 左上2目一度
Ω ねじり目
○ かけ目
⨯ 右上1目交差
⨯ 左上1目交差
● 伏せ目

□ #024 チャコールグレー+#15 グレー（2本取り）
□ #080 黄緑（100cm×50本）
◉ #091 ピスタチオ（45cm×50本）
※模様の数だけカットする
◉ 棒針の1段の玉編み

かぎ針で引き抜く
くさり編み1目
右上3目一度
3 = □□□
編み出した目を引き抜き
編み出し増し目

84
6段（ふち編み）
78
6段
72
模様編み
12
6段
7
6
6段（ふち編み）
→2
→1段（作り目182目）
182　　8　　1目

ブローチの編み地
22目×22段（棒針5号）
ヤドリギがひとつ、ほかは裏目で編む

【編み図】

←伏せ止め
84
6段（ふち編み）
78
6段
72
70

60

54

25

20

1模様18目12段

12
6段
7
6
6段（ふち編み）
→2
→1段（作り目182目）
182　　170　　35　30　　20　　10　　1目

137

▶道具と材料

糸

ジェイミソンズ スピンドリフト
#665 China Blue　225g
#616 Anemone　8g
#599 Zodiac　16g
#769 Willow　10g
#772 Verdigris　45g
　China Blue以外は必要な長さと
　本数にカット
別くさり用糸　適宜

針

80cm輪針5号
棒針4号（袖口）
かぎ針4/0号、6/0号（別くさり用）

▶ゲージ

26目31段
袖口の模様28目52段

※アザミの編み図は47ページ
参照。

▶編み方と作り方

①別くさりから編み出して本体2枚を編み図通りに編み、糸始末をしてスチームアイロンをかける。

②袖口を編む。別くさりをほどきながら針にとり、編み図通りに編んで伏せ目をする。糸始末をしてスチームアイロンをかける。

③2枚を中表に合わせてかぎ針で引き抜きはぎをする。

④袖を中表に縦半分に合わせ、印までかぎ針でとじる（128ページ参照）。

⑤襟を編む。

⑥水通しをして乾かす。

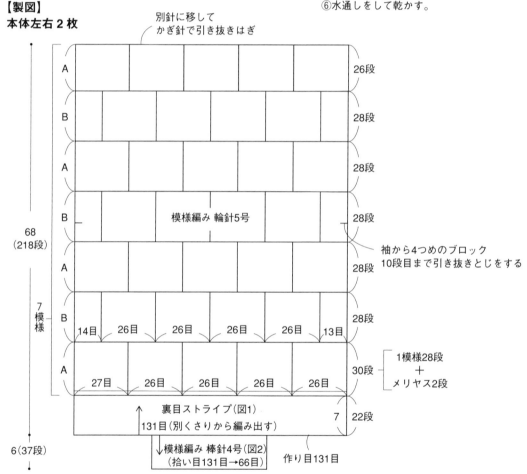

【製図】
本体左右2枚

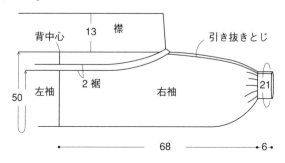

【襟の編み方】

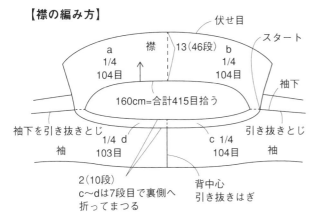

①表面を見ながら160cm=415目拾う。
　そのまま輪針で1目ゴム編みを6段編む。
②7段目は裾のcとdの207目を（人〇）で編む。
　（人〇 ×103回＋1目）
　aとbは1目ゴム編みで編む。
　8・9段目はa～dすべて1目ゴム編み、10段目でcと
　dの206目を伏せる（裾になるのでゆるからずきつ
　からずテンションに注意して伏せる）。
　残りの1目はa＋bに足す。
③ここから往復編み（輪針のまま平らに編む）で編
　む。
　11段目から【襟の編み図】の通り、襟の左右の1目
　内側で減らし目をしながら46段目まで編み、次の
　段で全目伏せる（テンションに注意）。
　※伏せ目はかぎ針を使い、襟の様子を見ながら伏
　　せる。1度で上手くいかなかったら丁寧にほど
　　き、もう一度トライを。仕上がりの大切な部分
　　になる。
④スチームアイロンをかけて整える。

☐	表目	☐	#665 China Blue
⊟	裏目	■	#599 Zodiac （90cm×32本、50cm×6本）
区	右上2目一度	▨	#772 Verdigris （2.4m×32本、1.3m×6本）
区	左上2目一度	▢	#616 Anemone （50cm×32本、35cm×6本）
⊙	かけ目	▨	#769 Willow （60cm×32本、40cm×6本）
●	伏せ目		※模様の数だけカットする
☑	すべり目（編まずに右の針へ移す）		

【模様編み図】

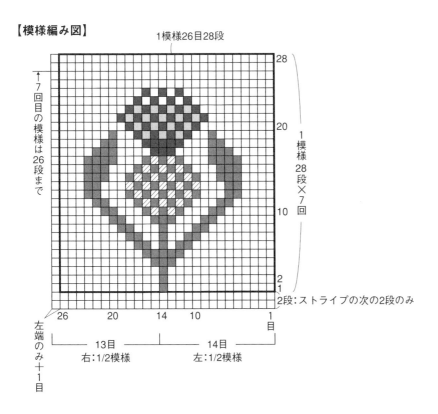

【袖のストライプの編み図　図1】

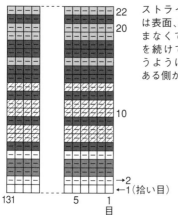

ストライプを編むときは表面、裏面を交互に編まなくても、表面、表面を続けて編んだりというように次の色の糸がある側から編む

【袖口の引き上げ模様の編み図　図2】

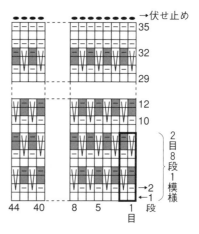

2目8段1模様

【袖口の編み方】

①別くさりをほどきながら針にとる。
②131目を地色で全目左上2目一度をし、残った1目は表目で編んで66目にする。
③次の段で1目おきに裏面の裏目の右上2目一度をし、44目にする。
④編み図(図2)の通りに32段(8段4模様)編み、ガーダー編みを3段編んで次の段で裏面を見ながら伏せ目をする。糸始末をしてスチームアイロンをかける。

編み方

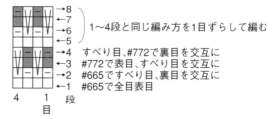

1〜4段と同じ編み方を1目ずらして編む

→8
←7
→6
←5
→4　すべり目、#772で裏目を交互に
←3　#772で表目、すべり目を交互に
→2　#665ですべり目、裏目を交互に
←1　#665で全目表目

【襟の編み図】

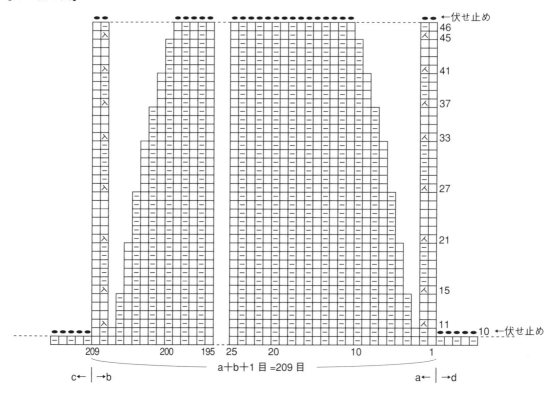

a＋b＋1目 =209目

c← | →b　　　　　　　　　　　　　　　　a← | →d

▶道具と材料

糸

パピー アルバ

#1082 ライトベージュ　120g

#5139 赤　50g
　120cm×92本にカット

#1185 緑　35g
　55cm×92本にカット

※チェリーの編み図は69ページ、編み方は71ページ参照。

その他

接着キルト綿（ドミット芯）60×45cm

中袋用布（内ポケット分含む）90×45cm

幅1cm赤グログランリボン120cm

長さ3cm竹ボタン1個

内寸幅16.5cm竹持ち手1組

針

棒針5号

かぎ針3/0号、5/0号

▶ゲージ

28目32段

▶編み方と作り方

①指でかける作り目から編み図通りに編み、伏せ目をする。糸始末をしてスチームアイロンをかける。

②編み地を中表に合わせて入れ口から8cm下までの脇、底マチをかぎ針で引き抜きとじをする。

③内ポケットを作って中袋に縫いつけ、裏に接着キルト綿を貼る。中袋の脇と底マチを縫い、両脇と入れ口を折り返して縫う。

④編み地の袋に中袋を入れ、入れ口からあき止まりまでを縫い合わせる。中袋の入れ口をぐし縫いして引き絞り、編み地のゴム編みの1段目に縫いつける。

⑤持ち手にキルト綿を巻いて縫い止め、持ち手通し部分で持ち手をくるんでゴム編みの1段目に縫いつける。両脇を縫いとじる。

⑥ダブルチェーンを編んで内側に縫いつけ、反対側に竹ボタンを縫いつける。グログランリボンを内側のギャザーが隠れるように縫いつける。

⑦飾りの葉を編んでつける。

【製図】

本体1枚

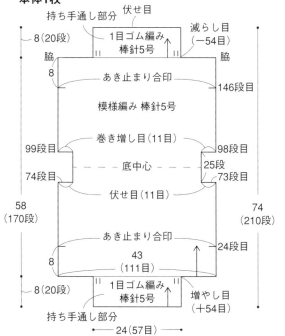

中袋1枚、接着キルト綿1枚

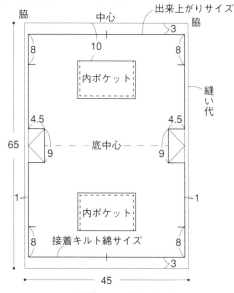

※接着キルト綿は裁ち切り

内ポケット2枚

【飾り葉の編み方】　かぎ針5/0号、#1185

<小さい葉>　くさり12目から編み始める　2段目は半目を拾う

<大きい葉>　くさり15目から編み始める

<まとめ方>
①大小の葉を縫い合わせる
②くさり25目を編む
③持ち手にはさんでから葉を2枚重ねて引き抜く

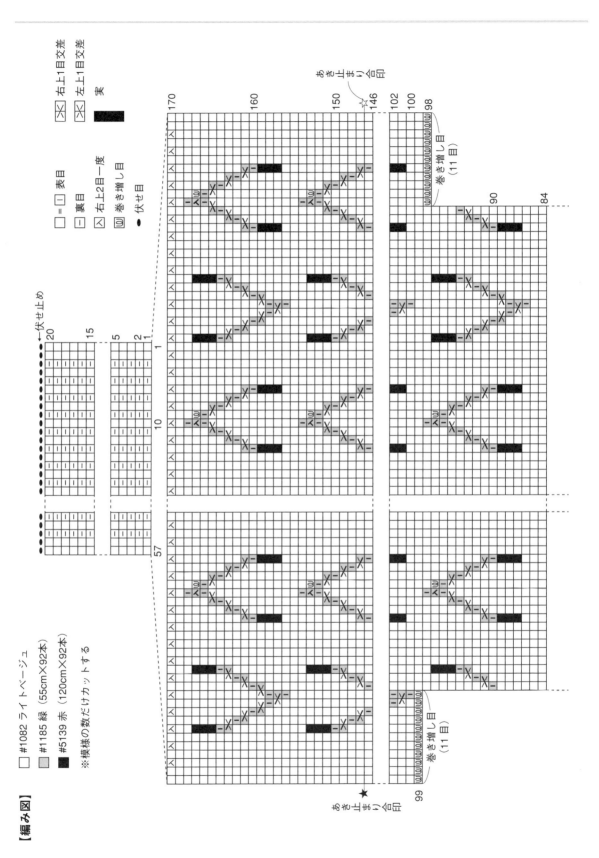

【編み図】

□ #1082 ライトベージュ
▨ #1185 緑 (55cm×92本)
■ #5139 赤 (120cm×92本)
※模様の数だけカットする

□ = □ 表目
− = 裏目
人 = 右上2目一度
回 = 巻き増し目
● = 伏せ目

⤹ 右上1目交差
⤹ 左上1目交差
■ 実

あき止まり合印

巻き増し目
(11目)

あき止まり合印

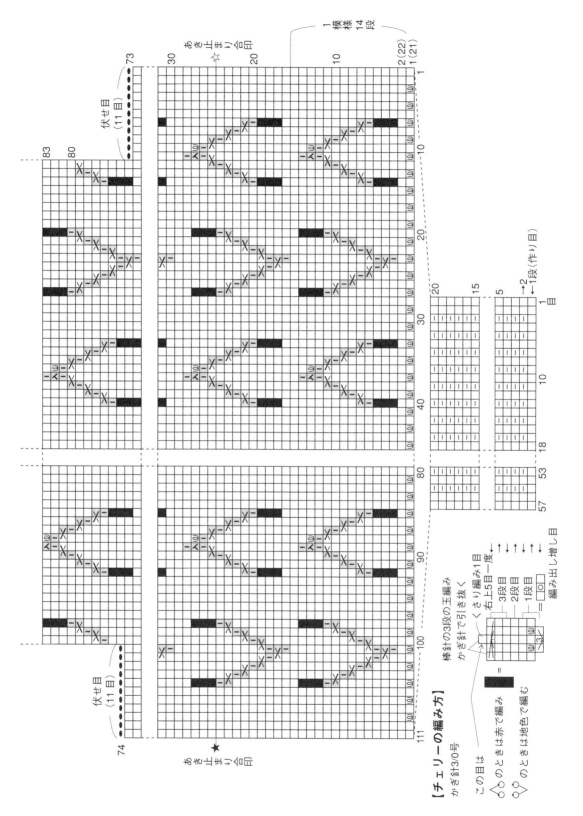

[チェリーの編み方]

かぎ針3/0号

この目は

△▽のときは赤で編み

◇♡のときは地色で編む

■ = 棒針の3段の玉編み かぎ針で引き抜く

くさり編み1目

右上5目一度

3段目
2段目
1段目

編み出し増し目

= ◎

【バッグの仕立て方】

②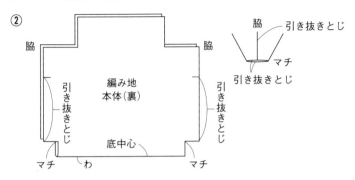

③ <**ポケット**>

①中表に合わせて返し口を
残して縫い、角をカットする

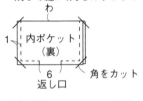

1
内ポケット
（裏）
わ
6
返し口
角をカット

②表に返してアイロンで整え、
わを上にして中袋に縫いつける

わ
ポケット
（表） 0.2

<**中袋**>

中袋（裏）
中心
中袋（表）
3
あき止まり
8
10
内ポケット
つけ位置
65
1
1
接着キルト綿
45

③接着キルト綿を貼る

④中表にして両脇を
あき止まりまで縫う

内ポケットを作って中袋に縫いつけ、中袋を袋に縫う

⑤縫い代を割り
マチを縫う

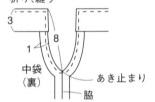

脇
中袋
（裏）
9
カット
縫い代を1cm
残してカット

⑥両脇の縫い代1cmと入れ口3cmを
折り、縫う

3
8
1
中袋
（裏）
あき止まり
脇

④ ①本体の中に中袋を入れて底と脇の位置を合わせ、
入れ口からあき止まりまで縫い合わせる

②中袋の口のみぐし縫い
して引き絞る

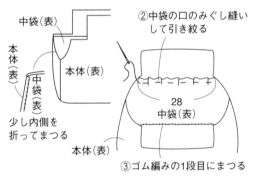

中袋（表）
本体（表）
本体（表）
中袋（表）
少し内側を
折ってまつる
28
中袋（表）
本体（表）
③ゴム編みの1段目にまつる

⑤ ①持ち手にキルト綿を巻き、端を縫いとめる

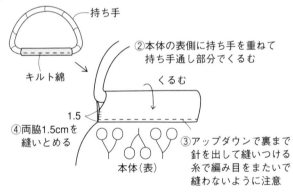

持ち手
キルト綿

②本体の表側に持ち手を重ねて
持ち手通し部分でくるむ

くるむ
1.5
④両脇1.5cmを
縫いとめる
本体（表）

③アップダウンで裏まで
針を出して縫いつける
糸で編み目をまたいで
縫わないように注意

⑥ ①ダブルチェーン（二重くさり編み）を編む
かぎ針5/0号、#1082

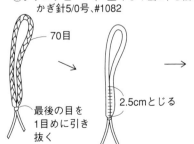

70目
最後の目を
1目めに引き
抜く
2.5cmとじる

②入れ口内側中心に
ダブルチェーンを縫い止める
（下向きにつける）

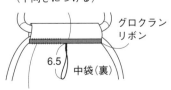

グロクラン
リボン
6.5
中袋（裏）

③グロクランリボンをギャザー部分が
隠れるようにのせ、両端1cmを内側に折り、
上下の辺をたてまつりで縫いつける

④反対側の表面のゴム編みの
中心に竹ボタンを縫いつける

竹ボタン

地色（#1082）で足を
長く（糸を巻いて）つける

P.116　レイディスマントル

▶道具と材料

糸

パピー ニュー2PLY
#260 黄　95g
パピー キッドモヘアファイン
#51 レモンイエロー　95g
パピー ブリティッシュファイン
#086 ネオンイエロー　3g
別くさり用糸　適宜

※編み図は、透かし模様は
105ページ、スモッキング
は111ページ参照。

針

80cm輪針5号
60cm輪針4号、5号
棒針4号、5号
かぎ針4/0号、6/0号（別くさり用）
縄編み針

▶ゲージ

20目29段

▶編み方と作り方

①別くさりから編み出し、本体を86段編み図
通りに編み、87段目から80目ずつ左右に分
けて編み図通りに編み、156段めまで編んだ
ら左右一緒に編み図通りに編む。

②続けて袖口を編んで伏せ目をする。もう片
方の袖口は別くさりをほどきながら針にと
り、編み図通りに編んで伏せ目をする。

③襟ぐりを160目拾い編み図通りに襟を編む。
糸始末をしてスチームアイロンをかける。

④袖口と襟に刺繍をする。

⑤袖口を中表に合わせてニュー2PLYの糸を
4/0号のかぎ針で引き抜きとじをする。

⑥スチームアイロンをかけて整える。

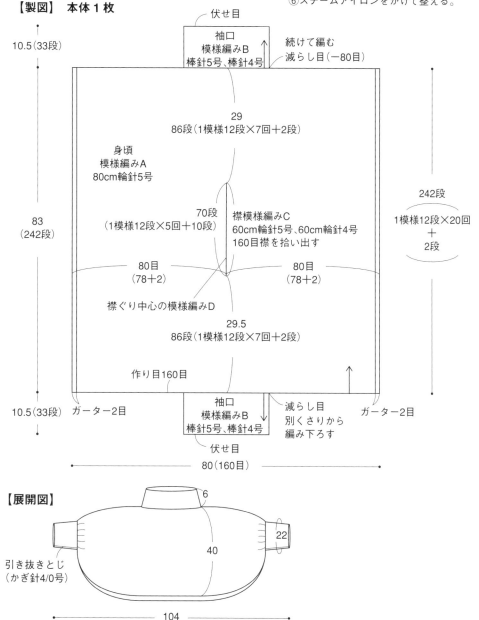

【製図】　本体1枚

伏せ目

袖口
模様編みB
棒針5号、棒針4号

続けて編む
減らし目（ー80目）

10.5（33段）

29
86段（1模様12段×7回＋2段）

身頃
模様編みA
80cm輪針5号

70段
（1模様12段×5回＋10段）

襟模様編みC
60cm輪針5号、60cm輪針4号
160目襟を拾い出す

83
（242段）

242段
1模様12段×20回
＋
2段

80目
（78＋2）

80目
（78＋2）

襟ぐり中心の模様編みD

29.5
86段（1模様12段×7回＋2段）

作り目160目

袖口
模様編みB
棒針5号、棒針4号

減らし目
別くさりから
編み下ろす

10.5（33段）

ガーター2目

ガーター2目

伏せ目

80（160目）

【展開図】

6

22

40

引き抜きとじ
（かぎ針4/0号）

104

【模様編み図 A　身頃】　80cm 輪針 5 号

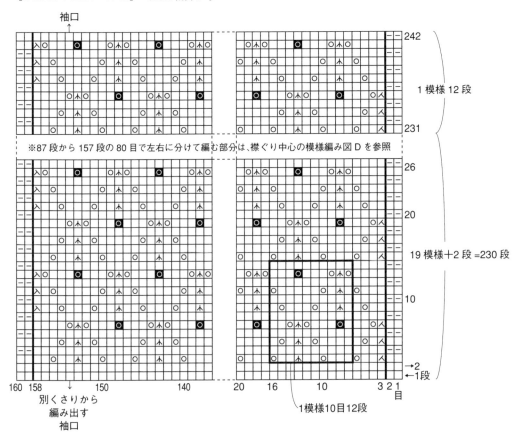

袖口

242

1 模様 12 段

231

※87 段から 157 段の 80 目で左右に分けて編む部分は、襟ぐり中心の模様編み図 D を参照

26

20

19 模様＋2 段 ＝230 段

10

→2
←1段

160 158　　　150　　　140　　20　16　　10　　3 2 1
目

別くさりから
編み出す
袖口

1模様10目12段

【模様編み図 B　袖口】　棒針 5 号、棒針 4 号、縄編み針

裏を見て伏せ目

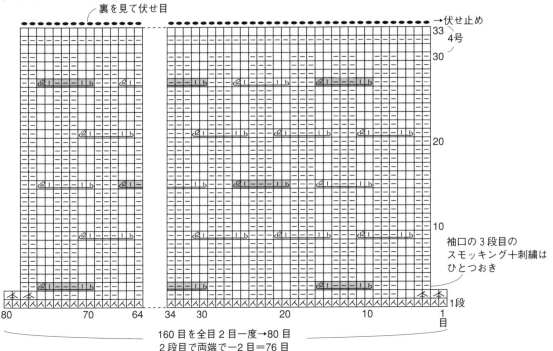

→伏せ止め
33　4号
30

20

10

袖口の 3 段目の
スモッキング＋刺繍は
ひとつおき

1段

80　　70　64　　34　30　　　20　　　10　　1
目

160 目を全目 2 目一度→80 目
2 段目で両端で一2 目＝76 目

【模様編み図C　襟】　60cm 輪針 5 号、60cm 輪針 4 号、縄編み針

裏を見て伏せ目

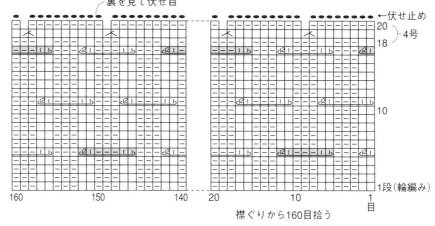

←伏せ止め
20
18 ─ 4号
10
1段（輪編み）

160　150　140　20　10　1 目

襟ぐりから160目拾う

【模様編み図D　襟ぐり中心】

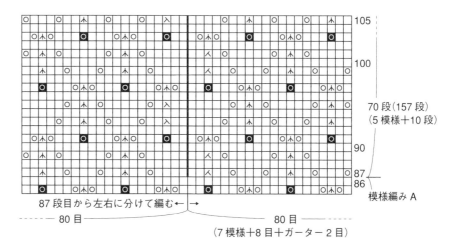

105
100
70 段（157 段）
（5 模様＋10 段）
90
87
86
模様編み A

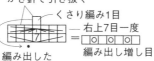

87 段目から左右に分けて編む　←　→

─ 80 目 ─　─ 80 目 ─
（7 模様＋8 目＋ガーター 2 目）

□ = Ｉ 表目

─ 裏目

⤩ 右上2目一度

⤨ 左上2目一度

○ かけ目

⋏ 中上3目一度

⤩ 左上2目一度（裏目）

◉ 棒針の1段の玉編み

かぎ針で引き抜く

くさり編み1目

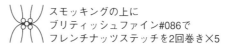

─ 右上7目一度
＝ │○○○○○│
編み出し増し目

編み出した
目を引き抜き

⊡│Ｉ─－│b　2回巻きのスモッキング

⊡│Ｉ─－│b　2回巻きのスモッキング＋刺繍

スモッキングの上に
ブリティッシュファイン#086で
フレンチナッツステッチを2回巻き×5

▶道具と材料

糸
・ティーコジー
ジェイミソンズ スピンドリフト
#104 Natural White　10g
#259 Leprechaun　5g
#665 Bluebell　6g
#655 China Blue　6g
#880 Coffee　4g
#188 Sherbet　3g

・マット
ジェイミソンズ スピンドリフト
#104 Natural White　3g
#259 Leprechaun　4g
#665 Bluebell　1g
#880 Coffee　1g
#188 Sherbet　2g

その他
厚手フェルト15×15cm
ポンポンメーカー35mm

針
棒針5号
40cm輪針5号
かぎ針3/0号

▶ゲージ
26目30段

※ウサギの編み図は、91ページ参照。

▶編み方と作り方

・ティーコジー
①指でかける作り目から編み図通りに24段めまで2枚編み、25段めから1枚めと2枚めの始めと終わりの3目ずつを重ねて編み図通りに編む。残った10目に糸を通して引き絞る。糸始末をしてスチームアイロンをかける。
②両脇の裾の8段を表からすくいとじをする。5段めで内側に折ってまつりつける。
③ポンポンを作ってトップに縫いつけ、刺繍をする。
④糸始末をして水通しをして乾かす。

・マット
①指でかける作り目から編み図通りに編み、伏せ目をする。
②編み地に合わせてフェルトをカットし、編み地の裏に重ねて返し縫いで縫いつける。
③周囲にブランケットステッチをする。
④水通しをして乾かす。

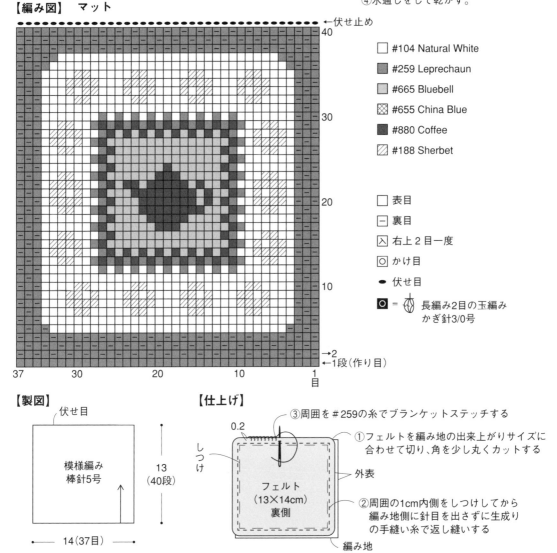

【編み図】　マット

←伏せ止め

凡例：
□ #104 Natural White
■ #259 Leprechaun
□ #665 Bluebell
⊠ #655 China Blue
■ #880 Coffee
／ #188 Sherbet

□ 表目
－ 裏目
⋋ 右上2目一度
○ かけ目
● 伏せ目
◎ = 長編み2目の玉編み　かぎ針3/0号

【製図】
伏せ目
模様編み
棒針5号
13（40段）
14（37目）

【仕上げ】
③周囲を#259の糸でブランケットステッチする
①フェルトを編み地の出来上がりサイズに合わせて切り、角を少し丸くカットする
しつけ
外表
フェルト（13×14cm）裏側
②周囲の1cm内側をしつけしてから編み地側に針目を出さずに生成りの手縫い糸で返し縫する
編み地
0.2

【編み図】 ティーコジー

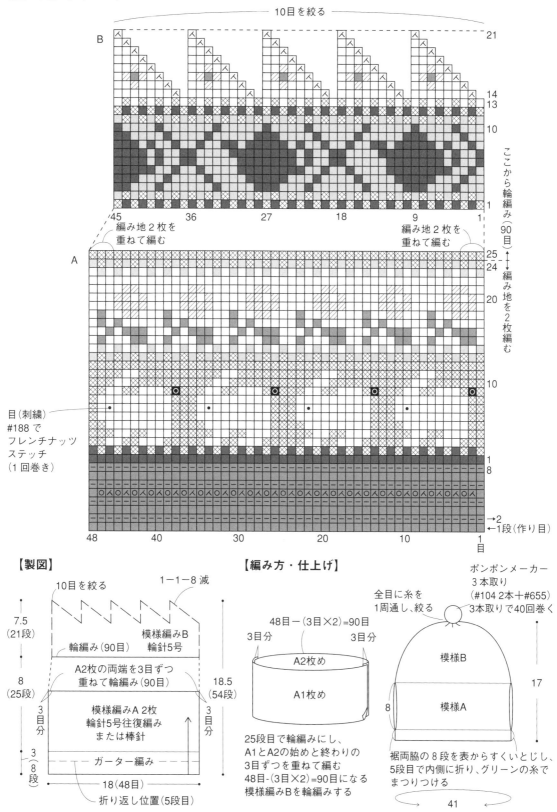

【製図】

10目を絞る

1—1—8 減

7.5
(21段)

模様編みB
輪針5号

輪編み（90目）

8
(25段)

A2枚の両端を3目ずつ
重ねて輪編み（90目）

18.5
(54段)

3目分

3目分

3
(8段)

模様編みA 2枚
輪針5号往復編み
または棒針

ガーター編み

18（48目）

折り返し位置（5段目）

【編み方・仕上げ】

全目に糸を
1周通し、絞る

ポンポンメーカー
3本取り
（#104 2本＋#655）
3本取りで40回巻く

48目−（3目×2）=90目

3目分　　　3目分

A2枚め

A1枚め

25段目で輪編みにし、
A1とA2の始めと終わりの
3目ずつを重ねて編む
48目-（3目×2）=90目になる
模様編みBを輪編みする

模様B

模様A

17

8

裾両脇の8段を表からすくいとじし、
5段目で内側に折り、グリーンの糸で
まつりつける

41

P.99　リストウォーマー

出来上がり寸法　手首まわり21.5×長さ10cm

▶道具と材料

糸

・キノコ
ジェイミソンズ スピンドリフト
#103 Sholmit　10g
#500 Scarlet　4g
#104 Natural White　4g

・ヴィオラ
ジェイミソンズ スピンドリフト
#105 Eesit　5g
#788 Leaf　1g
#410 Cornfield　2g
#720 Dewdrop　3g
#665 Bluebell　1g
#616 Anemone　2g
#600 Violet　1g

針
ミニ輪針3号

▶ゲージ

32目36段

※編み図は、キノコは17ページ、
ヴィオラは87ページ参照。

▶編み方と作り方

①指でかける作り目から編み図通りに編み、
　裏面で伏せ目をする。糸始末をしてスチー
　ムアイロンをかける。
②水通しをして乾かす。

【製図】　本体

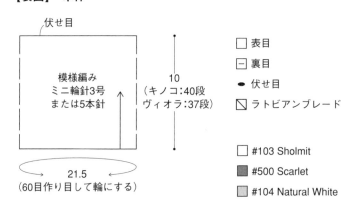

伏せ目

模様編み
ミニ輪針3号
または5本針

10
(キノコ:40段
ヴィオラ:37段)

21.5
(60目作り目して輪にする)

□ 表目
− 裏目
● 伏せ目
◪ ラトビアンブレード

□ #103 Sholmit
■ #500 Scarlet
■ #104 Natural White

【編み図】　キノコ

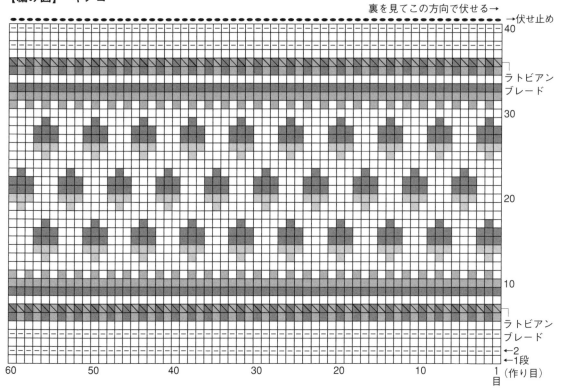

裏を見てこの方向で伏せる→

→伏せ止め
40

ラトビアンブレード

30

20

10

ラトビアンブレード

←2
←1段

60　　50　　40　　30　　20　　10　　1目(作り目)

ラトビアンブレード

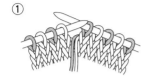

① 前の段を 2 色で交互に表編みをし、段の終わりで糸を 2 本とも手前に出す

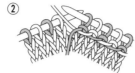

② 次の段（ラトビアンブレード）は、1 目ごとに糸の下から前の目の次の色の糸を出し、裏編みをする

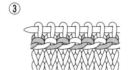

【編み図】
ヴィオラ

□ #105 Eesit	▧ #410 Cornfield
■ #788 Leaf	▨ #616 Anemone
▦ #665 Bluebell	▨ #600 Violet
▦ #720 Dewdrop	

裏を見てこの方向で伏せる→

→伏せ止め

37

30

20

10

←2
←1段

60　　　　50　　　　40　　　　30　　　　20　　　　10　　　　1目　（作り目）

151

▶道具と材料

糸
ローワン キッドシルクヘイズ
#712 Ultra　16g

※編み図は101ページ参照。

針
ミニ輪針3号
かぎ針3/0号

▶ゲージ
30目36段

▶編み方と作り方
①指でかける作り目から編み図通りに編み、伏せ目をする。糸始末をしてスチームアイロンをかける。

【製図】
本体2枚

右手

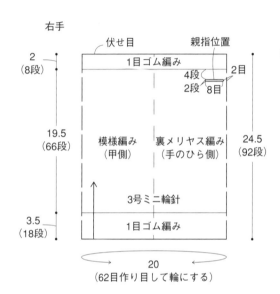

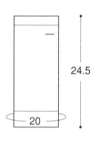

※伏せ目が緩くなると広がってしまうので
　少しきつめがよい

2（8段）
19.5（66段）
3.5（18段）

伏せ目
1目ゴム編み
親指位置
4段
2段
2目
8目

模様編み（甲側）
裏メリヤス編み（手のひら側）
24.5（92段）

3号ミニ輪針
1目ゴム編み

20
（62目作り目して輪にする）

24.5
20

- □ 表目
- − 裏目
- 区 右上2目一度
- 区 左上2目一度
- 巻き増し目
- ○ かけ目
- ● 伏せ目
- ◉ 棒針の1段の玉編み

かぎ針で引き抜く
くさり編み1目
右上5目一度

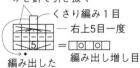

＝ 編み出し増し目

編み出した
目を引き抜き

【編み図】 1模様25目66段　　　甲側　　　右手
※左手は左右対称に編む　　　手のひら側　　　伏せ止め

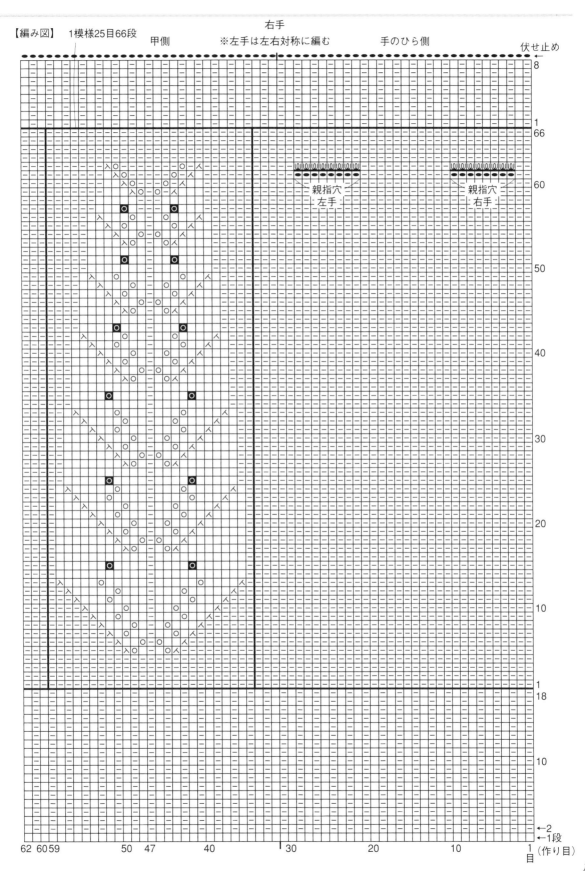

親指穴
左手　　　右手

62 60 59　　　50　　47　　40　　30　　20　　10　　1
目（作り目）

153

P.118　ブローチ

▶道具と材料

糸

・ポピー

ジェイミソンズ スピンドリフト
#180 Mist　2g
#259 Leprechaun　1g
#500 Scarlet　1g
#585 Plum　1g
#999 Black　1g
#780 Lime　1g

・青い花

パピー ブリティッシュファイン
#034 深緑　1g
#092 ターコイズ　少々
#035 マスタード　少々
#086 ネオンイエロー　少々

・パンジー

ジェイミソンズ スピンドリフト
#769 Willow　1g
#390 Daffodil　少々
#104 Natural White　少々
#780 Lime　少々
#600 Violet　少々
#410 Cornfield　少々

※編み図は、ポピーは49ページ、青い花は55ページ、ヴィオラは53ページ参照。

その他（共通）

つつみボタン直径7cm、4.5×6cm楕円、直径5cm 各1個
キルト綿（ドミット芯）10×10cm
厚手フェルト10×10cm
厚紙10×10cm
長さ3.5cmブローチピン1本

針

棒針2号（ポピー、パンジー）、 4号（青い花）

▶ゲージ

32目34段

▶編み方と作り方

①指でかける作り目から編み図通りに編み、伏せ目をする。糸始末をしてスチームアイロンをかける。
②刺繍をし、ポピーとパンジーは水通しをして乾かす。
③編み地とキルト綿を重ね、縁をぐし縫いしてつつみボタンに合わせて引き絞って玉止めする。
④フェルトにブローチピンをつける。
⑤裏に厚紙をボンドで貼り、フェルトを重ねて貼ってフェルトの周囲を編み地にまつりつける。

【仕上げ】

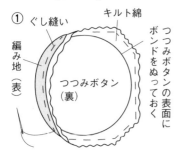

編み地とキルト綿を重ねて周囲をぐし縫いする
つつみボタンにかぶせてぐし縫いを引き絞って
つつみボタンに編み地を合わせて玉止めする

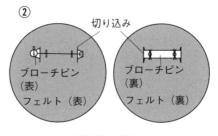

フェルトに切り込みを入れて
ブローチピンを通して縫い止める

※つつみボタンよりキルト綿は周囲に 1.5cm ずつ大きく、
　厚紙は2回り小さく、フェルトは1回り小さくカットする

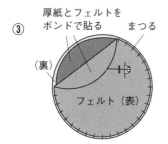

厚紙を①の裏側にボンドで貼り、
その上にフェルトを図案の位置を
確かめて貼る
フェルトの周囲を編み地にまつる

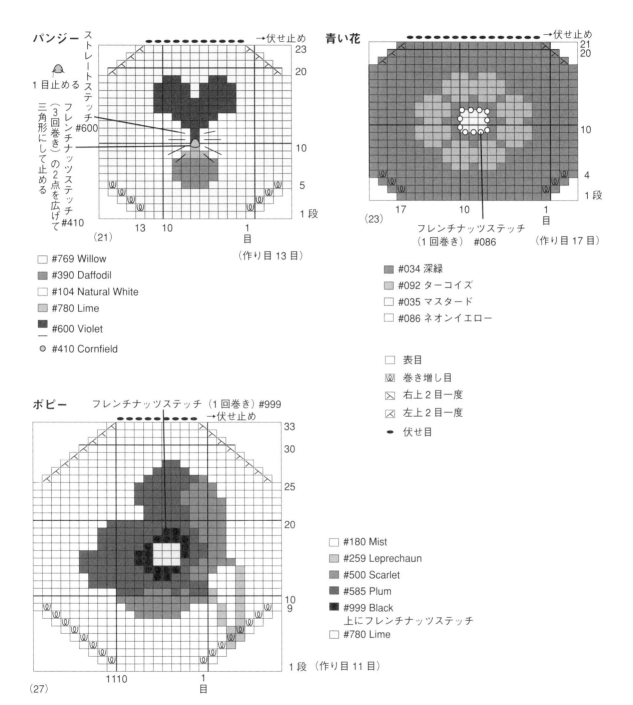

パンジー

ストレートステッチ

1目止める

フレンチナッツステッチ（3回巻き）#600

三角形にして止める

フレンチナッツステッチの2点を広げて#410

→伏せ止め

23
20

10

5

1段

13　10　1

目

（21）

（作り目 13 目）

- ☐ #769 Willow
- ■ #390 Daffodil
- ☐ #104 Natural White
- ☐ #780 Lime
- ■ #600 Violet
- ◉ #410 Cornfield

青い花

→伏せ止め

21
20

10

4

1段

17　10　1

目

（23）

フレンチナッツステッチ（1回巻き）#086

（作り目 17 目）

- ■ #034 深緑
- ■ #092 ターコイズ
- ☐ #035 マスタード
- ☐ #086 ネオンイエロー

- ☐ 表目
- 巻き増し目
- ☒ 右上2目一度
- ☒ 左上2目一度
- ● 伏せ目

ポピー

フレンチナッツステッチ（1回巻き）#999
→伏せ止め

33
30

25

20

10
9

1段　（作り目 11 目）

11 10　1

目

（27）

- ☐ #180 Mist
- ■ #259 Leprechaun
- ■ #500 Scarlet
- ■ #585 Plum
- ■ #999 Black
  上にフレンチナッツステッチ
- ☐ #780 Lime

▶道具と材料

糸

ジェイミソンズ スピンドリフト
#268 Dog Rose　3g
#599 Zodiac　少々
#780 Lime　1g
#788 Leaf　1g
#578 Rust　1g

※編み図は91ページ参照

その他

厚手フェルト15×15cm
25番刺繍糸白、黒各適宜

針

棒針4号

▶ゲージ

27目30段

▶編み方と作り方

①指でかける作り目から編み図通りに編み、裏面で伏せ目をする。糸始末をしてスチームアイロンをかける。
②どんぐりの帽子とリスのしっぽに刺繍をする。
③水通しをしてもみ洗いをし、軽くフェルト化させて乾かす。リスの目を刺繍する。
④編み地とフェルトを外表に合わせて周囲をブランケットステッチで縫い合わせる。

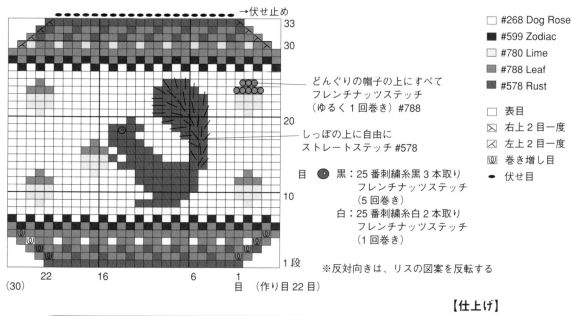

どんぐりの帽子の上にすべて
フレンチナッツステッチ
（ゆるく1回巻き）#788

しっぽの上に自由に
ストレートステッチ #578

目　●　黒：25番刺繍糸黒3本取り
　　　　フレンチナッツステッチ
　　　　（5回巻き）
　　　　白：25番刺繍糸白2本取り
　　　　フレンチナッツステッチ
　　　　（1回巻き）

※反対向きは、リスの図案を反転する

□ #268 Dog Rose
■ #599 Zodiac
□ #780 Lime
▨ #788 Leaf
▨ #578 Rust

□ 表目
☒ 右上2目一度
☒ 左上2目一度
▥ 巻き増し目
● 伏せ目

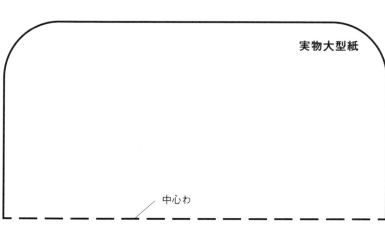

実物大型紙

中心わ

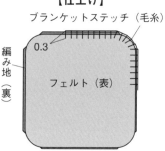

【仕上げ】
ブランケットステッチ（毛糸）
編み地（裏）
0.3
フェルト（表）

編み地とフェルトを外表に合わせ
周囲をブランケットステッチで
縫い合わせる

出来上がり寸法　つぼみのバラ直径8cm　小さなバラ直径8cm

▶道具と材料

糸

・つぼみのバラ
パピー　ブリティッシュファイン
#017 濃紺　3g
#080 黄緑　1g
#006 赤　1g

・小さなバラ
パピー　ブリティッシュファイン
#021 ライトベージュ　3g
#068 ローズピンク　1g
#080 黄緑　1g
#031 ピンク　少々

※編み図は、つぼみは51ページ、
小さなバラは11ページ参照。

その他（共通）
裏側布 15×15cm
フェルト 8×8cm
羊毛 10g
直径8〜10cm好みの容器1個

針
棒針4号

▶ゲージ

つぼみのバラ 26目 40段
小さなバラ 28目 32段

▶編み方と作り方

①指でかける作り目から編み図通りに編み、
　伏せ目をする。糸始末をしてスチームアイ
　ロンをかける。
②フェルトを直径8cmの円にカットし、編み
　地と一緒に水通しをして乾かす。
③編み地と下側布を中表に合わせて縫い、返
　し口から表に返す。
④中にフェルトと羊毛を入れて返し口をぐし
　縫いして引き絞る。
⑤容器に入れる。

□ #017 濃紺
▨ #080 黄緑
■ #006 赤

【仕上げ】

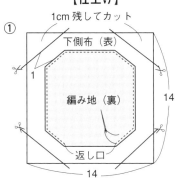

①
1cm残してカット
下側布（表）
1
編み地（裏）
14
返し口
14

編み地と下側布を中表に合わせて
返し口を残して周囲を縫う

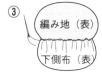

②
フェルトを編み地の裏に重ねる
編み地（表）
水通しした
フェルト
8
羊毛
下側布（表）

返し口から表に返し、フェルトを
入れて編み地の裏に重ね、羊毛を
丸めて入れる

③
編み地（表）
下側布（表）

残しておいた針と糸で
返し口の縫い代を折り
込んでぐし縫いし容器
のサイズに合わせてぐ
し縫いを引き絞って縮
め、玉止めする

□ 表目
▨ 巻き増し目
⊠ 右上2目一度
⊿ 左上2目一度
⊟ 裏目
• 伏せ目

□ #021 ライトベージュ
■ #068 ローズピンク
▨ #080 黄緑
▨ #031 ピンク

つぼみのバラ

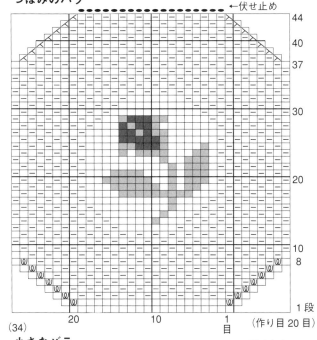

←伏せ止め
44
40
37
30
20
10
8
1段
(34)　20目　10　1目　（作り目 20目）

小さなバラ

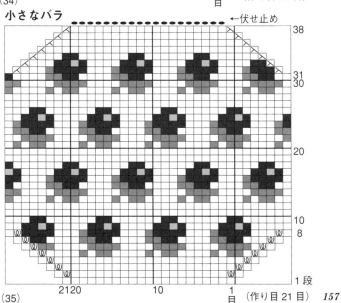

←伏せ止め
38
31
30
20
10
8
1段
(35)　2120　10　1目　（作り目 21目）

157

P.119　ミニ額

mid出来上がり寸法　ミモザと野バラ各内径8.7×6.6cm　デイジー内径7.7cm

▶道具と材料

糸

・ミモザ
ジェイミソンズ スピンドリフト
#764 Cloud　3g
#772 Verdigris　1g
#400 Mimosa　1g
#616 Anemone　1g

・ピンクの野バラ
ジェイミソンズ スピンドリフト
#104 Natural White　3g
#788 Leaf　1g
#188 Sherbet　1g
#390 Daffodil　少々
#780 Lime　少々

・デイジー
パピー　ブリティッシュファイン
#055 緑　3g
#080 黄緑　少々
#001 白　少々
#006 赤　少々
#086 ネオンイエロー　少々

※編み図は、ミモザは57ページ、
野バラは97ページ、デイジーは
53ページ参照。

その他（共通）
厚手フェルト10×10cm
布15×15cm
おしゃれフープ内径8.7×6.6cm楕円、また
は内径7.7cm丸

針
棒針2号
かぎ針2/0号

▶ゲージ
32目34段

▶編み方と作り方

①指でかける作り目から編み図通りに編み、伏せ目をする。糸始末をしてスチームアイロンをかける。
②野バラは刺繍をし、ミモザと野バラは水通しをして乾かす。
③編み地と布を重ね、デイジーは刺繍をする。
④編み地の縁をぐし縫いして内枠に合わせて引き絞って玉止めする。
⑤外枠をはめて裏にフェルトを重ねてまつりつける。

【仕上げ】

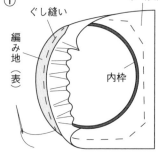

① 編み地と布を重ねて周囲をぐし縫いする
模様の位置を確認しながら内枠を合わせ
ぐし縫いを引き絞って玉止めし、余分な布をカットする

② 外枠をはめて裏にフェルトを
重ねてまつりつける

□ #104 Natural White	□ #764 Cloud
■ #788 Leaf	■ #772 Verdigris
■ #188 Sherbet	◎ #400 Mimosa
■ #390 Daffodil	▨ #616 Anemone
▨ #780 Lime	

◎ = 🌰
中長編み2目の玉編み
かぎ針2/0号

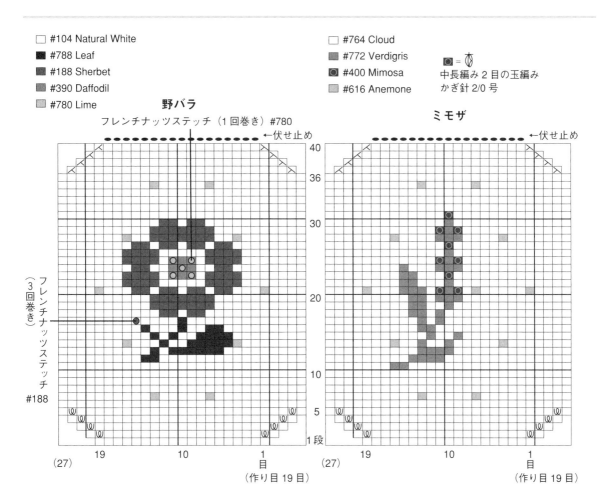

野バラ

フレンチナッツステッチ（1回巻き）#780

←伏せ止め

フレンチナッツステッチ（3回巻き）#188

(27)　19　10　1　目
（作り目19目）

ミモザ

←伏せ止め

(27)　19　10　1　目
（作り目19目）

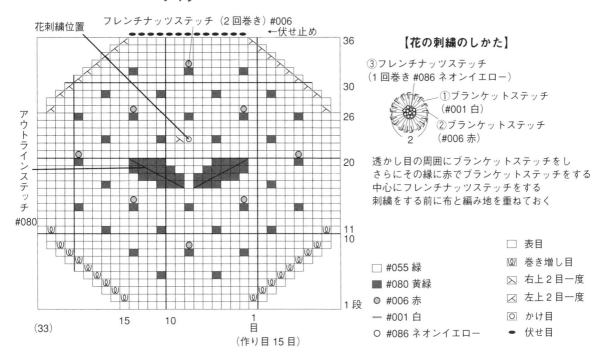

デイジー

花刺繍位置

フレンチナッツステッチ（2回巻き）#006

←伏せ止め

アウトラインステッチ #080

(33)　15　10　1　目
（作り目15目）

□ #055 緑	
■ #080 黄緑	
● #006 赤	
― #001 白	
○ #086 ネオンイエロー	

【花の刺繍のしかた】

③フレンチナッツステッチ
（1回巻き #086 ネオンイエロー）

①ブランケットステッチ
（#001 白）

②ブランケットステッチ
（#006 赤）

透かし目の周囲にブランケットステッチをし
さらにその縁に赤でブランケットステッチをする
中心にフレンチナッツステッチをする
刺繍をする前に布と編み地を重ねておく

□ 表目	
⦾ 巻き増し目	
⧄ 右上2目一度	
⧅ 左上2目一度	
⦿ かけ目	
● 伏せ目	

P.115　スズランのフードつきショール

▶道具と材料

糸
ローワン キッドシルクヘイズ
#634 Cream　200g

※スズランの編み図は109ページ
参照

針
棒針3号
80cm輪針3号
かぎ針2/0号

▶ゲージ
26目32段

▶編み方と作り方
①指でかける作り目から編み図通りに本体左を246段めまで編んで休めておく。本体右を同様に編み、247段めの最後で15目巻き増し目をして本体左と続けて編む。
②フード部分を編み図の通りに120段編む。121段目から左、中央、右に分けて編み、表面をみながらすくいとじをする。スチームアイロンをかけて整える。
③縁を編む。スチームアイロンをかけて整える。

【製図】
本体1枚

【展開図】

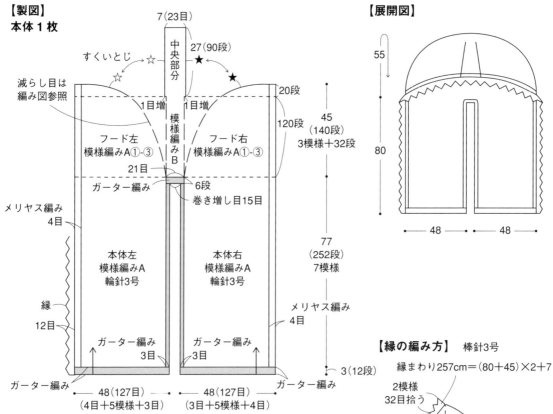

本体左を 246 段めまで編み、休み目をする。本体右も同様に246 段めまで編み、247 段めの最後で巻き増し目 15 目を作り、休めておいた本体左と続けて編む。増し目部分は 6 段ガーター編み。
本体を編むときはメリヤス 4 目、模様編み 24 目ごと、ガーター編み 3 目に目数リングを入れるとわかりやすい。

フード部分は本体左と右のガーダー部分 3 目と増し目をした 15 目を合わせた 21 目（中央部分）を模様編み図 B で編む。120 段編み図の通りに編む。121 段からはフード左、中央、右に分けて編み、編めたら表面を見ながらすくいとじをする。

縁は 8 目作り目をして本体に編みつけていく。

【縁の編み方】　棒針3号

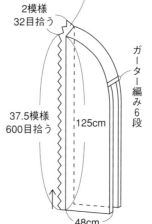

※本体を3段拾って1段
とばすピッチで拾う

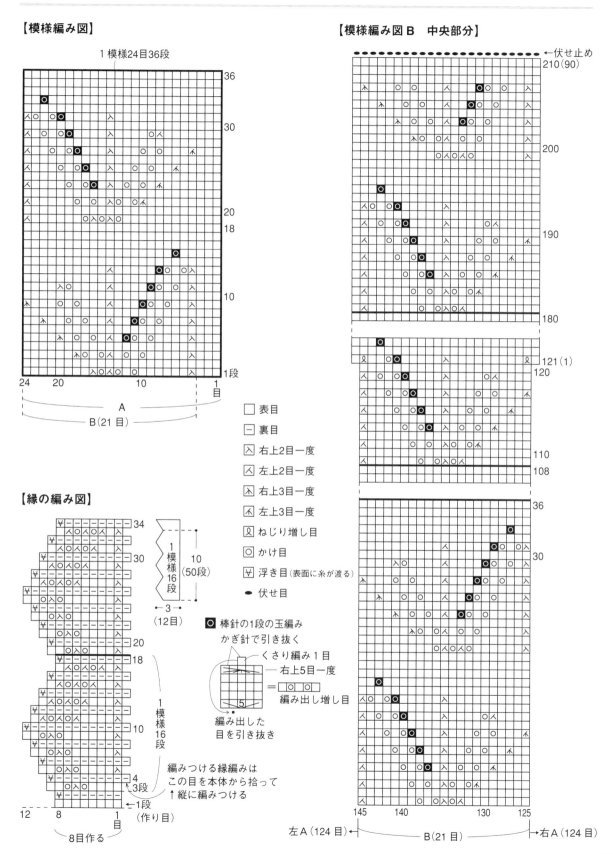

【模様編み図】

1模様24目36段

【模様編み図 B　中央部分】

←伏せ止め

【縁の編み図】

□ 表目
− 裏目
⋏ 右上2目一度
⋌ 左上2目一度
⋏ 右上3目一度
⋌ 左上3目一度
Ω ねじり増し目
○ かけ目
Ⅴ 浮き目（表面に糸が渡る）
● 伏せ目

◉ 棒針の1段の玉編み
かぎ針で引き抜く

くさり編み1目
右上5目一度
＝ 編み出し増し目

編み出した
目を引き抜き

編みつける縁編みは
この目を本体から拾って
↑縦に編みつける

左A（124目）←　B（21目）　→右A（124目）

【模様編み図 A　フード左③】

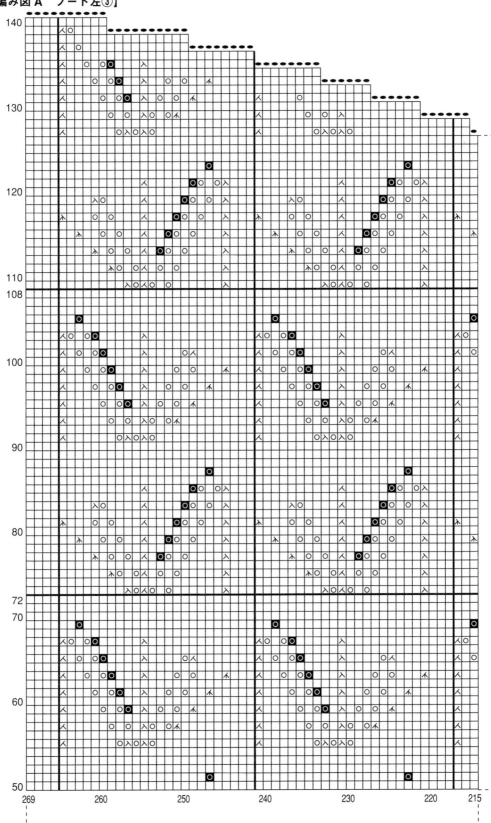

【模様編み図 A　フード左②】

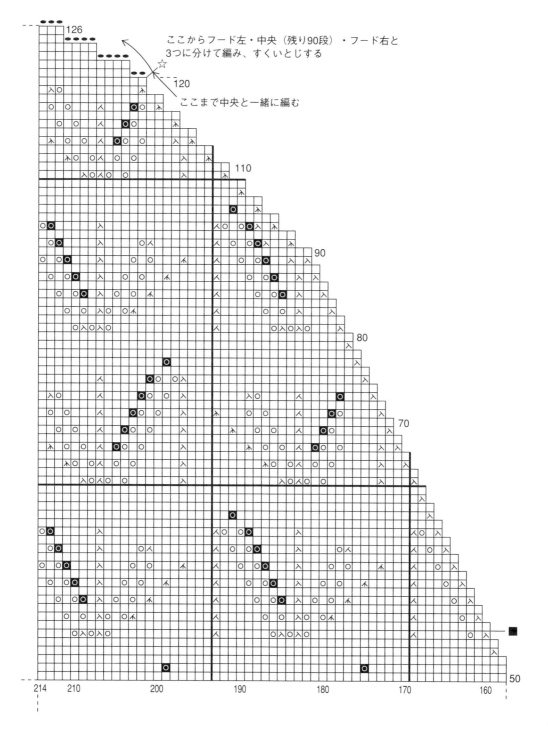

ここからフード左・中央（残り90段）・フード右と
3つに分けて編み、すくいとじする

ここまで中央と一緒に編む

[模様編み図 A　フード左①]

164

[模様編み図 A　フード右①]

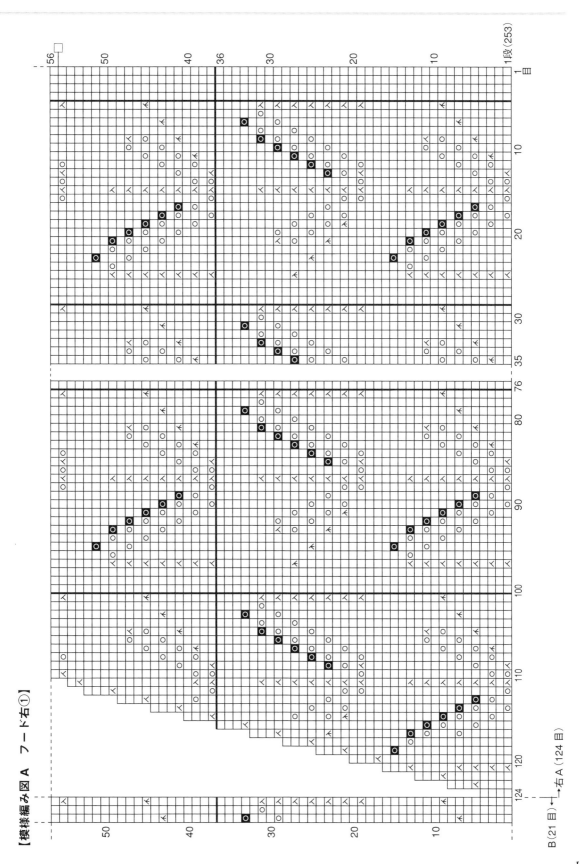

【模様編み図A　フード右③】

ここからフード左・中央（残り89段）・
フード右と3つに分けて編み、すくいとじする

ここまで中央を一緒に編む

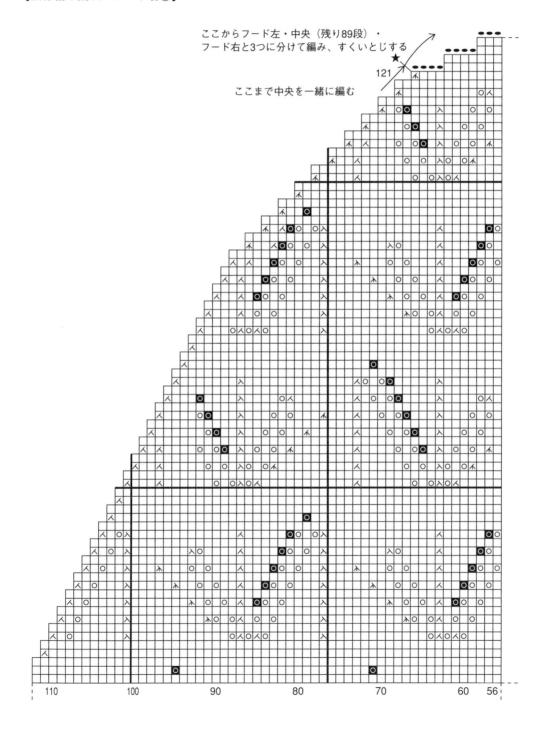

【模様編み図 A　フード右②】

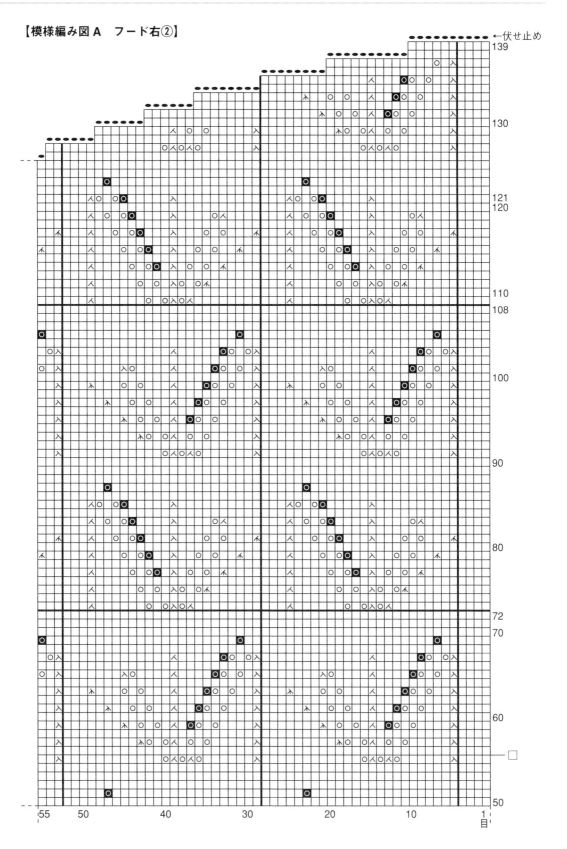

▶道具と材料

糸
ジェイミソンズ スピンドリフト
各編み図を参照、適宜

※編み図は各ページも参照。
　好きな模様で編むとよい。
　モチーフの編み上がり目安
　は11cm角。

その他
市販のキャンバストートバッグ
（キャンバストートナチュラル縦20
×横30×マチ10cm　持ち手をは
ずして使う）1個
持ち手（くわえ金具タイプ）1組
キルト綿（ドミット芯）30×50cm
底板20×9cm
内ポケット・底板用麻布30×30cm
フェルト黄色10×10cm

針
60cm輪針3号
棒針4号
かぎ針2/0号、3/0号
縄編み針

▶ゲージ
29目31段

▶編み方と作り方
①指でかける作り目から編み図通りにモチーフ13枚を編み、伏せ目をする。糸始末をしてスチームアイロンをかける。
②刺繍をする。
③モチーフを上の段と下の段に分けて引き抜きとじでとじ合わせて輪にする。長さがあわないときは引っ張ったりいせ込んだりしてしつけをかけてからとじる。上下の段も同様にとじ、底ととじる。スチームアイロンで整える。
④縁を編む。
⑤内ポケットを作り、トートバッグの口に縫いつける。
⑥底板を布でくるんで貼り、トートバッグの中に入れる。
⑦キルト綿で袋を作り、トートバッグにかぶせて編み地の袋の中に入れる。縁編みを折り返し、縫いつける。
⑧持ち手をつける。

【製図】

キルト綿1枚

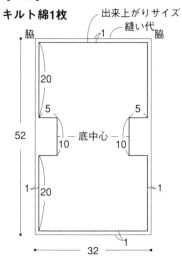

出来上がりサイズ
縫い代
脇　脇
1
20
5　5
52
底中心
10　10
1　1
20
1
32

内ポケット1枚

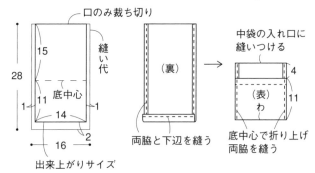

口のみ裁ち切り
15
28
縫い代
11　底中心
1　14　1
2
16
出来上がりサイズ

【内ポケットの作り方】

中袋の入れ口に縫いつける
（裏）
4
（表）わ　11
両脇と下辺を縫う
底中心で折り上げ両脇を縫う

市販の袋を使っているのでキルト綿のみ袋に仕立てて
市販の袋と合わせる

【キルト綿の仕立て方・まとめ方】

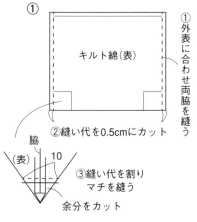

①
キルト綿（表）
①外表に合わせ両脇を縫う
②縫い代を0.5cmにカット
脇
（表）
10
③縫い代を割りマチを縫う
余分をカット

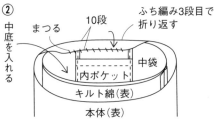

②
中底を入れる
まつる
10段
ふち編み3段目で折り返す
内ポケット
中袋
キルト綿（表）
本体（表）

持ち手をはずした市販の中袋に
キルト綿をかぶせ、編み地の本体に入れる
口を折り返してまつる

【持ち手】

13.5
ペンチでぎゅっと締める
（金具に傷がつかないように当て布をする）

【パターンの並べ方】

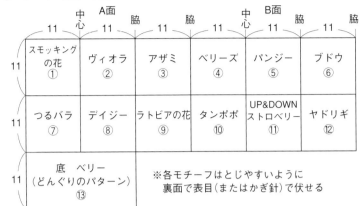

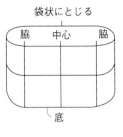

※各モチーフはとじやすいように
裏面で表目（またはかぎ針）で伏せる

【縁の編み図】

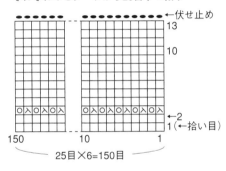

60cm輪針3号　#343 Ivory
それぞれのモチーフから25目ずつ拾う

□	表目
−	裏目
⋋	右上2目一度
⋌	左上2目一度
○	かけ目
⋈	ねじり目
⊠	右上1目交差
⊠	左上1目交差
●	伏せ目

①スモッキングの花

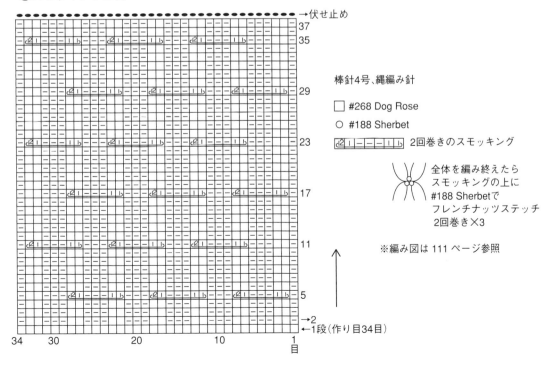

棒針4号、縄編み針

□ #268 Dog Rose

○ #188 Sherbet

▨ 2回巻きのスモッキング

全体を編み終えたら
スモッキングの上に
#188 Sherbetで
フレンチナッツステッチ
2回巻き×3

※編み図は 111 ページ参照

②ヴィオラ

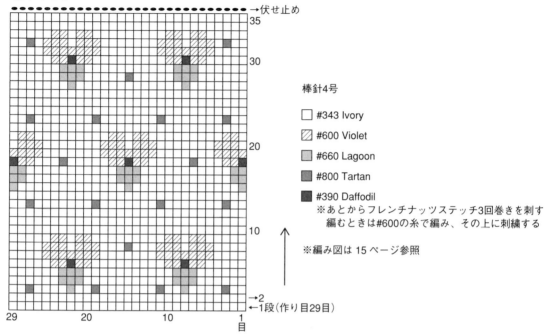

棒針4号

☐ #343 Ivory

▨ #600 Violet

▨ #660 Lagoon

▨ #800 Tartan

▨ #390 Daffodil

※あとからフレンチナッツステッチ3回巻きを刺す
　編むときは#600の糸で編み、その上に刺繍する

※編み図は 15 ページ参照

③アザミ

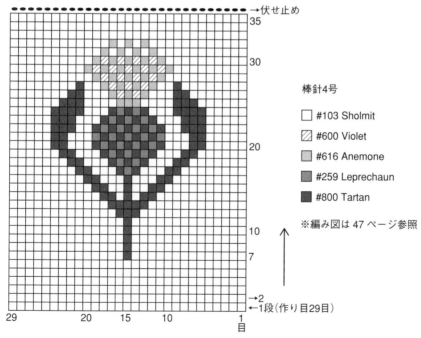

棒針4号

☐ #103 Sholmit

▨ #600 Violet

▨ #616 Anemone

▨ #259 Leprechaun

▨ #800 Tartan

※編み図は 47 ページ参照

④ベリーズ

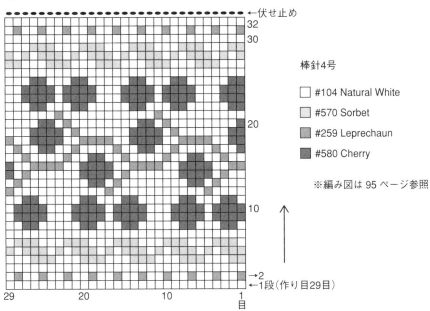

←伏せ止め
32
30

20

10

→2
←1段（作り目29目）

29　　20　　10　　1
　　　　　　　　　目

棒針4号

☐ #104 Natural White

☐ #570 Sorbet

☐ #259 Leprechaun

☐ #580 Cherry

　※編み図は 95 ページ参照

⑤パンジー

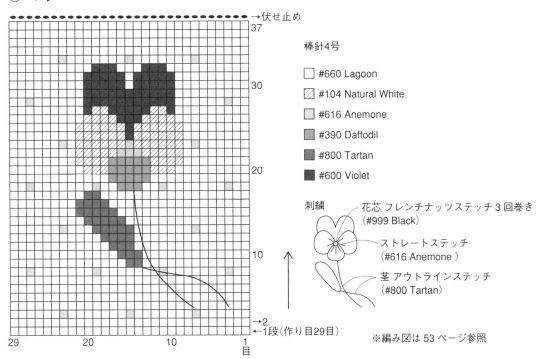

→伏せ止め
37

30

20

10

→2
←1段（作り目29目）

29　　20　　10　　1
　　　　　　　　　目

棒針4号

☐ #660 Lagoon

☐ #104 Natural White

☐ #616 Anemone

☐ #390 Daffodil

☐ #800 Tartan

☐ #600 Violet

刺繍　　花芯 フレンチナッツステッチ 3 回巻き
　　　　（#999 Black）
　　　　ストレートステッチ
　　　　（#616 Anemone ）
　　　　茎 アウトラインステッチ
　　　　（#800 Tartan）

　※編み図は 53 ページ参照

⑥ブドウ

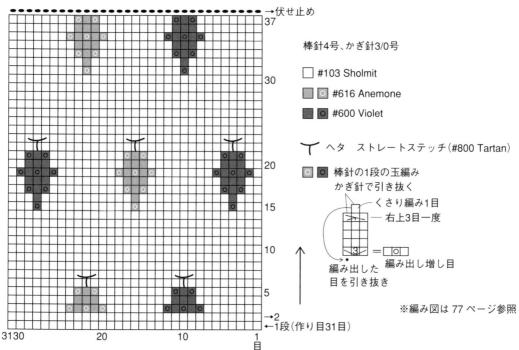

棒針4号、かぎ針3/0号

□ #103 Sholmit

■ ◎ #616 Anemone

■ ◎ #600 Violet

Ｙ ヘタ　ストレートステッチ（#800 Tartan）

◎ ◎ 棒針の1段の玉編み
　　かぎ針で引き抜く

くさり編み1目

右上3目一度

編み出した
目を引き抜き

3 = □□□
編み出し増し目

※編み図は 77 ページ参照

⑦つるバラ

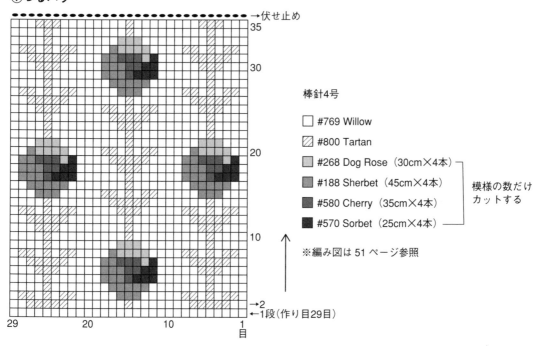

棒針4号

□ #769 Willow

▨ #800 Tartan

■ #268 Dog Rose （30cm×4本）

■ #188 Sherbet （45cm×4本）

■ #580 Cherry （35cm×4本）

■ #570 Sorbet （25cm×4本）

模様の数だけ
カットする

※編み図は 51 ページ参照

⑧デイジー

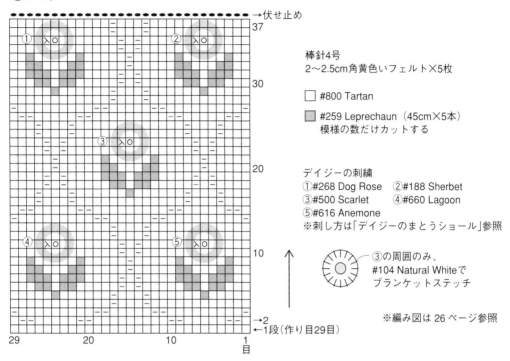

→伏せ止め
37
30
20
10
→2
←1段（作り目29目）

29　　20　　10　　1
目

棒針4号
2〜2.5cm角黄色いフェルト×5枚

□ #800 Tartan

■ #259 Leprechaun（45cm×5本）
　模様の数だけカットする

デイジーの刺繍
①#268 Dog Rose　②#188 Sherbet
③#500 Scarlet　④#660 Lagoon
⑤#616 Anemone
※刺し方は「デイジーのまとうショール」参照

③の周囲のみ、
#104 Natural Whiteで
ブランケットステッチ

※編み図は 26 ページ参照

⑨ラトビアの花

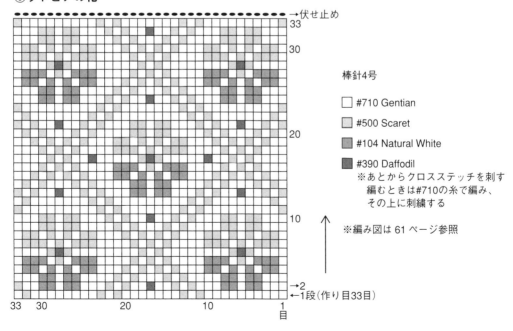

→伏せ止め
33
30
20
10
→2
←1段（作り目33目）

33　30　　20　　10　　1
目

棒針4号

□ #710 Gentian

□ #500 Scaret

■ #104 Natural White

■ #390 Daffodil
※あとからクロスステッチを刺す
　編むときは#710の糸で編み、
　その上に刺繍する

※編み図は 61 ページ参照

⑩タンポポ

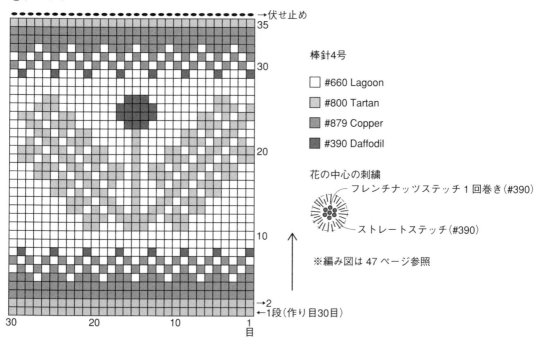

棒針4号

☐ #660 Lagoon

⬜ #800 Tartan

⬛ #879 Copper

⬛ #390 Daffodil

花の中心の刺繍
- フレンチナッツステッチ 1 回巻き（#390）
- ストレートステッチ（#390）

※編み図は 47 ページ参照

⑪UP&DOWN ストロベリー

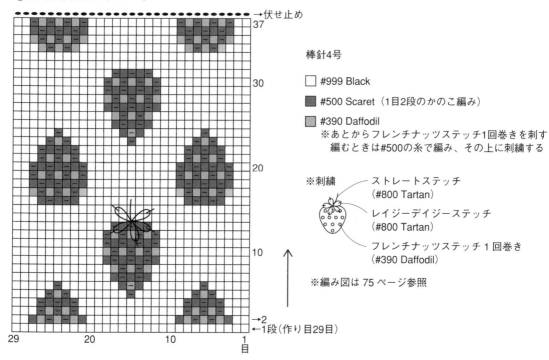

棒針4号

☐ #999 Black

⬛ #500 Scaret（1目2段のかのこ編み）

⬜ #390 Daffodil
※あとからフレンチナッツステッチ1回巻きを刺す
編むときは#500の糸で編み、その上に刺繍する

※刺繍
- ストレートステッチ
（#800 Tartan）
- レイジーデイジーステッチ
（#800 Tartan）
- フレンチナッツステッチ 1 回巻き
（#390 Daffodil）

※編み図は 75 ページ参照

⑫ヤドリギ

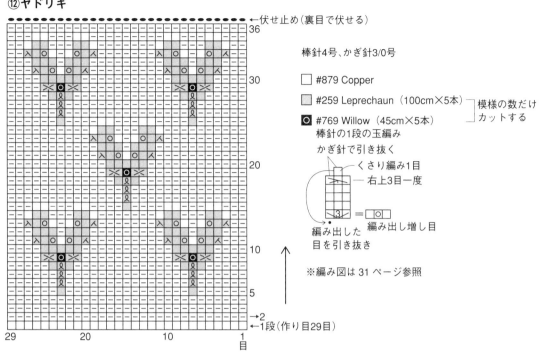

棒針4号、かぎ針3/0号

- ☐ #879 Copper
- ☐ #259 Leprechaun（100cm×5本）
- ◉ #769 Willow（45cm×5本）

　　　　　模様の数だけ
　　　　　カットする

棒針の1段の玉編み
かぎ針で引き抜く

くさり編み1目
右上3目一度

3 = ☐◉☐ 編み出し増し目

編み出した
目を引き抜き

※編み図は31ページ参照

←伏せ止め（裏目で伏せる）
36
30
20
10
5
→2
←1段（作り目29目）
29　　20　　10　　1
目

⑬底用編地　ベリー

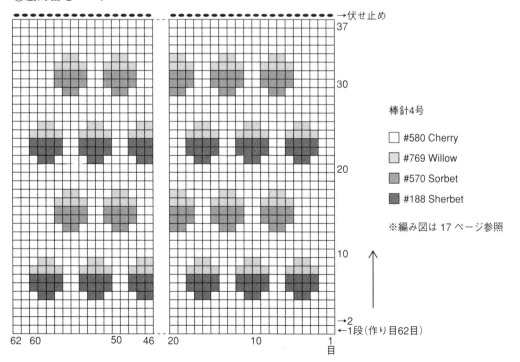

棒針4号

- ☐ #580 Cherry
- ☐ #769 Willow
- ☐ #570 Sorbet
- ☐ #188 Sherbet

※編み図は17ページ参照

→伏せ止め
37
30
20
10
→2
←1段（作り目62目）
62　60　　50　46　20　　10　　1
目

出来上がり寸法　54×128cm

▶道具と材料

糸
ジェイミソンズ スピンドリフト
各編み図を参照、適宜

※編み図は各ページも参照。
　好きな模様で編むとよい。

針
棒針4号
かぎ針2/0号、3/0号

▶ゲージ
26目32段

▶編み方と作り方
①指でかける作り目から編み図通りにモチーフ7枚編み、伏せ目をする。糸始末をしてスチームアイロンをかける。
②刺繍をする。
③編み地を、4と5→6→3→2→1→7の順に中表に合わせて引き抜きとじでとじ合わせる。スチームアイロンで整える。
④縁を編む。水通しをして乾かす。

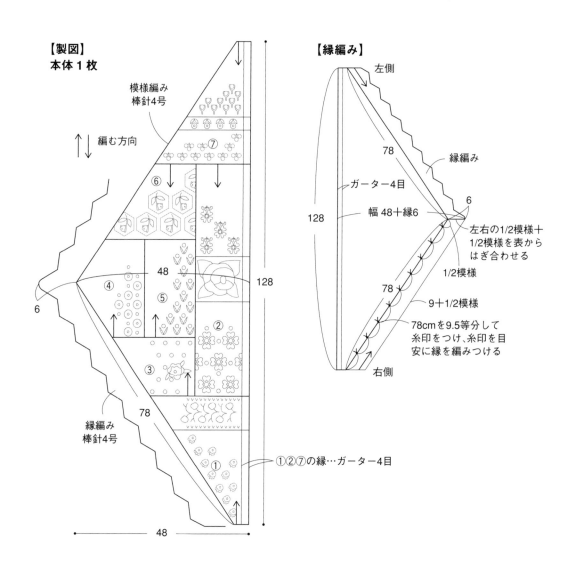

【製図】
本体1枚

模様編み
棒針4号

↑↓ 編む方向

⑦
⑥
④
⑤
48
②
③
128

6

縁編み
棒針4号

78

①

①②⑦の縁…ガーター4目

48

【縁編み】

左側

78

縁編み

ガーター4目

幅48＋縁6

128

6

左右の1/2模様＋1/2模様を表からはぎ合わせる

1/2模様

78

9＋1/2模様

78cmを9.5等分して糸印をつけ、糸印を目安に縁を編みつける

右側

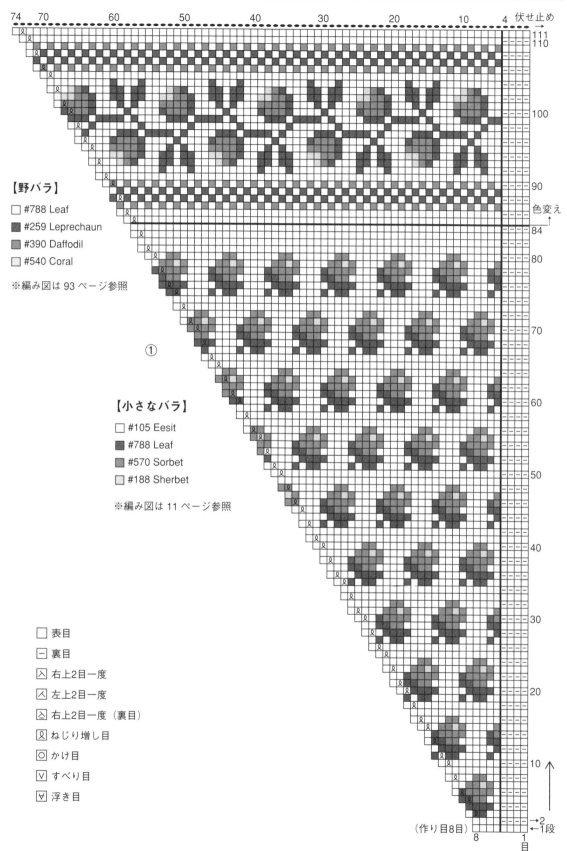

【野バラ】
□ #788 Leaf
■ #259 Leprechaun
■ #390 Daffodil
□ #540 Coral

※編み図は 93 ページ参照

①

【小さなバラ】
□ #105 Eesit
■ #788 Leaf
■ #570 Sorbet
□ #188 Sherbet

※編み図は 11 ページ参照

□ 表目
− 裏目
⋏ 右上2目一度
⋏ 左上2目一度
⋏ 右上2目一度（裏目）
Ω ねじり増し目
○ かけ目
∨ すべり目
⩔ 浮き目

(作り目8目)

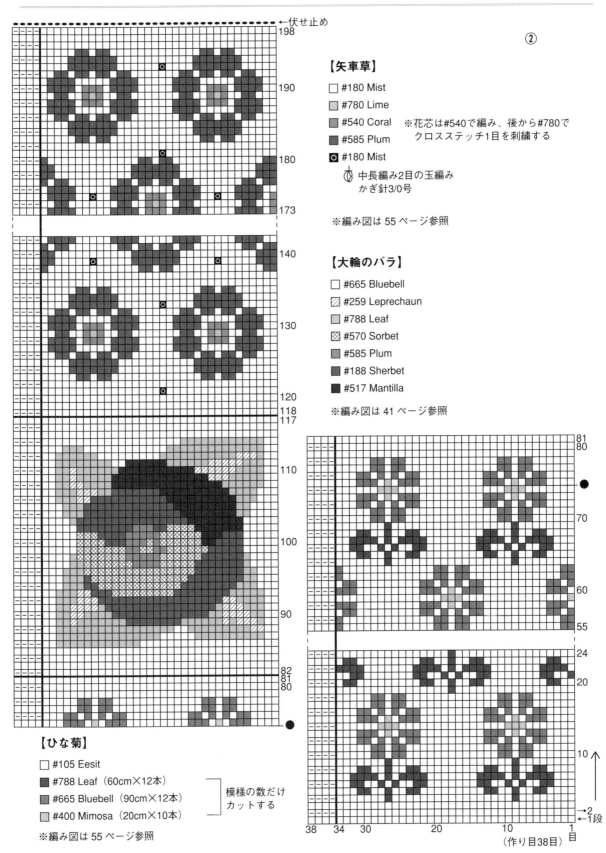

← 伏せ止め

198
190
180
173
140
130
120
118
117
110
100
90
82
81
80

②

【矢車草】

□ #180 Mist

▨ #780 Lime

▨ #540 Coral

▨ #585 Plum

◉ #180 Mist

※花芯は#540で編み、後から#780で
クロスステッチ1目を刺繍する

🧶 中長編み2目の玉編み
かぎ針3/0号

※編み図は 55 ページ参照

【大輪のバラ】

□ #665 Bluebell

▨ #259 Leprechaun

□ #788 Leaf

⊠ #570 Sorbet

▨ #585 Plum

▨ #188 Sherbet

■ #517 Mantilla

※編み図は 41 ページ参照

81
80
70
60
55
24
20
10

→2
←1段

38 34   30   20   10   1 目
                          （作り目38目）

【ひな菊】

□ #105 Eesit

■ #788 Leaf （60cm×12本）

■ #665 Bluebell （90cm×12本）

□ #400 Mimosa （20cm×10本）

模様の数だけ
カットする

※編み図は 55 ページ参照

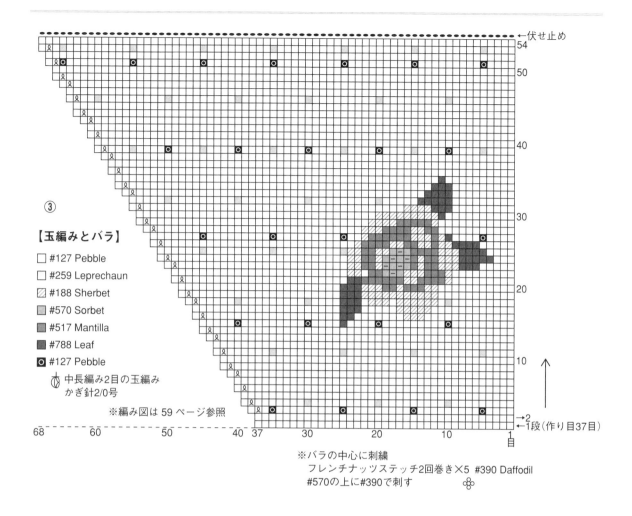

③

【玉編みとバラ】

□ #127 Pebble

□ #259 Leprechaun

▨ #188 Sherbet

▨ #570 Sorbet

■ #517 Mantilla

■ #788 Leaf

◉ #127 Pebble

🅐 中長編み2目の玉編み
かぎ針2/0号

※編み図は59ページ参照

←伏せ止め

→2
←1段（作り目37目）

68　　60　　50　　40 37　30　　20　　10　　1
目

※バラの中心に刺繍
フレンチナッツステッチ2回巻き×5　#390 Daffodil
#570の上に#390で刺す

【縁の編み図】　棒針4号、#616 Anemone
本体に編みつけながら編む

右側　　　　　　　　　　　　　　　　　　　　左側

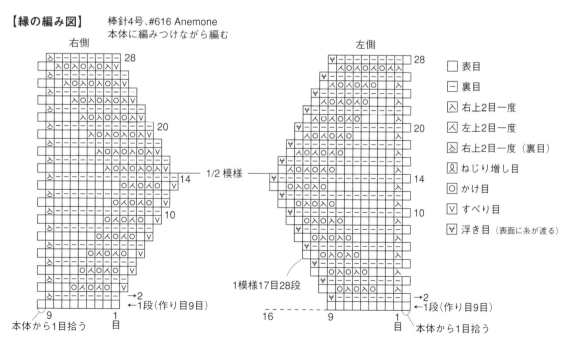

1/2 模様

1模様17目28段

本体から1目拾う　　目　　　　　　　16　　9　　1
目　　　　本体から1目拾う

□ 表目

□ 裏目

⊼ 右上2目一度

⊼ 左上2目一度

⊠ 右上2目一度（裏目）

⊠ ねじり増し目

○ かけ目

∨ すべり目

Ⴘ 浮き目（表面に糸が渡る）

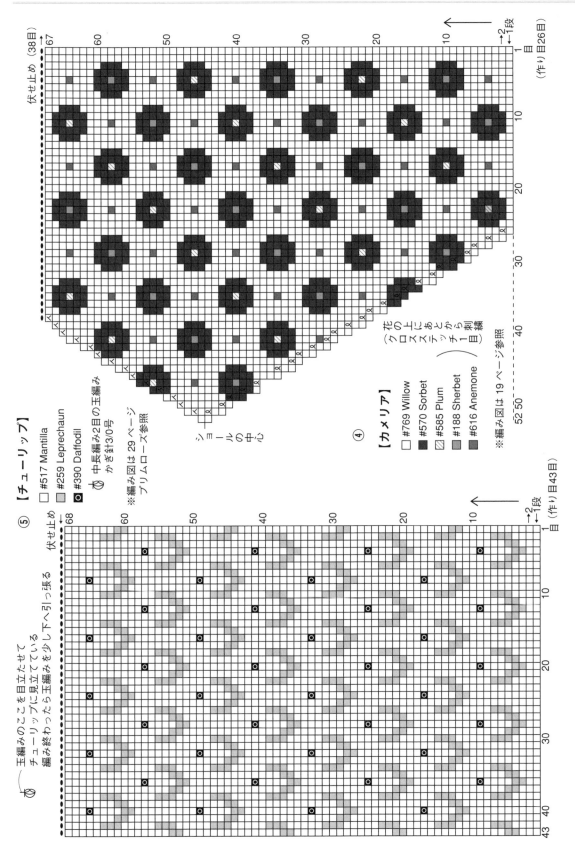

④

[カメリア]

□ #769 Willow
■ #570 Sorbet
▨ #585 Plum
▤ #188 Sherbet
▥ #616 Anemone

花の上に
クロスステッチ
（あとから1目刺繍）

※編み図は 19 ページ参照

⑤ **[チューリップ]**

□ #517 Mantilla
▨ #259 Leprechaun
■ #390 Daffodil
◉ 中長編み2目の玉編み
かぎ針3/0号

※編み図は 29 ページ
プリムローズ参照

ⓥ ┌ 王編みのここを目立たせて
　 └ チューリップに見立てている
編み終わったら王編みを少し下へ引っ張る

67
60
50
40
30
20
10
1 目

伏せ止め（38目）

←
→2段
→1段

（作り目26目）

52 50 40 30 20 10

ショールの中心

68
60
50
40
30
20
10
1 目

伏せ止め

←
→2段
→1段

（作り目43目）

43 40 30 20 10 1

180

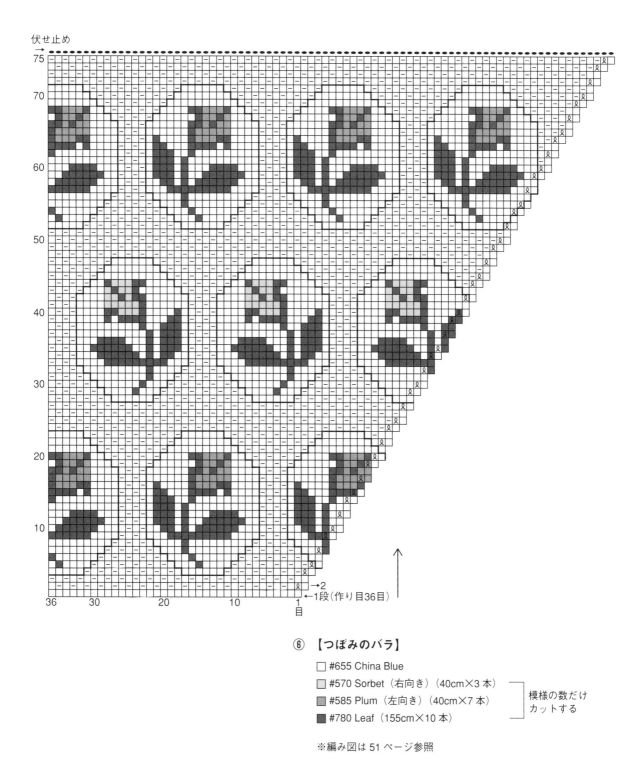

⑥ 【つぼみのバラ】

□ #655 China Blue
▨ #570 Sorbet（右向き）（40cm×3 本）
▨ #585 Plum（左向き）（40cm×7 本）
■ #780 Leaf（155cm×10 本）

｝模様の数だけ
　カットする

※編み図は 51 ページ参照

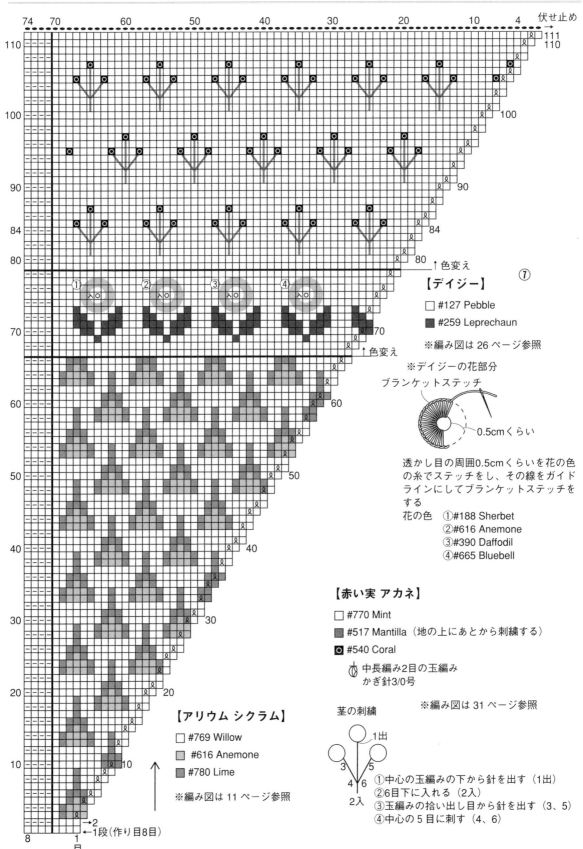

【デイジー】

□ #127 Pebble

■ #259 Leprechaun

※編み図は 26 ページ参照

※デイジーの花部分
ブランケットステッチ

0.5cmくらい

透かし目の周囲0.5cmくらいを花の色
の糸でステッチをし、その線をガイド
ラインにしてブランケットステッチを
する
花の色　①#188 Sherbet
　　　　②#616 Anemone
　　　　③#390 Daffodil
　　　　④#665 Bluebell

【赤い実 アカネ】

□ #770 Mint

■ #517 Mantilla（地の上にあとから刺繍する）

◉ #540 Coral

中長編み2目の玉編み
かぎ針3/0号

※編み図は 31 ページ参照

茎の刺繍

1出
3　　　5
4　6
2入

①中心の玉編みの下から針を出す（1出）
②6目下に入れる（2入）
③玉編みの拾い出し目から針を出す（3、5）
④中心の5目に刺す（4、6）

【アリウム シクラム】

□ #769 Willow

■ #616 Anemone

■ #780 Lime

※編み図は 11 ページ参照

↑色変え

↑色変え

⑦

→2
→1段(作り目8目)
1
目

基本の編み方

● 棒針編み
一般的な作り目　※作り目が緩くなる場合は棒針1本で目を作るとよい

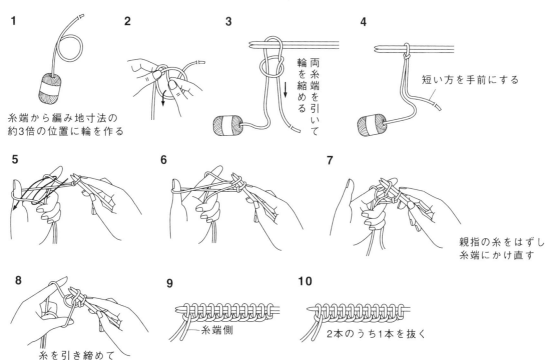

1 糸端から編み地寸法の約3倍の位置に輪を作る

2

3 両糸端を引いて輪を縮める

4 短い方を手前にする

5

6

7 親指の糸をはずし糸端にかけ直す

8 糸を引き締めて5～7をくり返す

9 糸端側

10 2本のうち1本を抜く

別くさりを使って目を作る方法

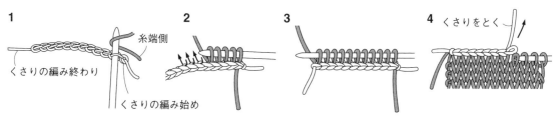

1 くさりの編み終わり　糸端側　くさりの編み始め

別紙で、かぎ針で必要目数のくさり編みをし、裏側の山に針を入れて編み糸を引き出す

2 必要数の目を拾う

3 拾ったところ　これが表目1段になる

4 くさりをとく

目を拾うときは別糸の目をほどきながら目を針に拾う。最後の目は半目拾う

表目 ①＝□

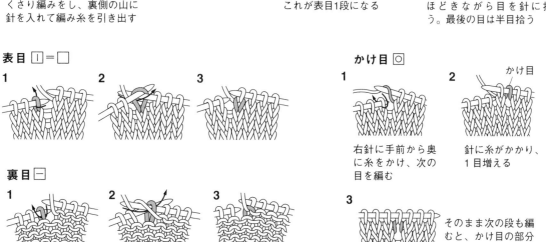

1

2

3

裏目 ⊟

1

2

3

かけ目 ○

1 右針に手前から奥に糸をかけ、次の目を編む

2 かけ目　針に糸がかかり、1目増える

3 そのまま次の段も編むと、かけ目の部分は穴があく

ねじり目 ⊠

1

2
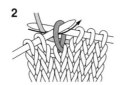

3

裏目のねじり目 ⊠

矢印のように針入れて
裏目を編む

ねじり増し目 ⊠

1
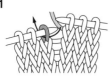

2
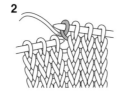

3

前段の横に渡った糸
を引き上げる

ねじれるように針を
入れて表目を編む

巻き増し目 ⊠

1

2
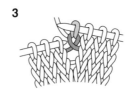

3

矢印のように針で糸
をすくってかける

針に糸がくるりと巻き
ついて巻き目になる

そのまま編み次の段
を編んだところ

すべり目 ⊽

1

2
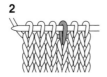

糸を向こう側に置き、
編まずに右針へ移す

続けて次からの目を表目で編む
2段のすべり目は次の段も裏目
ですべらす

浮き目（1段の場合）⊽

1 編まずに右針へ移動
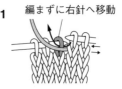

2 移動した目
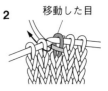

糸を手前において、目
は編まずに右針へ移す

次の目を編む

3
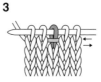

4

浮き目の出来上がり

次の段は裏目を編む

伏せ目 ●

1

2

3 引き抜いて
糸を締める

2目表目を編んでかぶせる
伏せ止めの場合は、これをくり返す

※裏面の場合は糸を表におく

伏せ目（裏目）●

1

2

3

4

端の2目を裏目で編み、1
目めを2目めにかぶせる

裏編みを編み、かぶ
せることをくり返す

最後の目は、引き
抜いて糸を締める

右上2目一度　⟨人⟩

1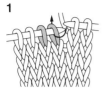
編まずに右針へ移す

2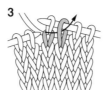
表目を編む

3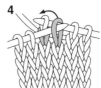

4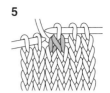
移した目をかぶせる

5

左上2目一度　⟨人⟩

1

2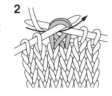

3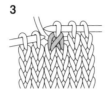

2目一緒に編む

右上２目一度（裏目）　⟨人⟩

1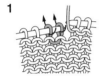
右針に２目移す

2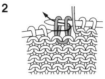
右針に移した２目に
左針を右から入れる

3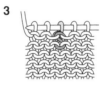
裏目を２目を一緒に
編む

左上２目一度（裏目）　⟨人⟩

1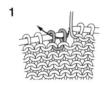
右針を矢印のように
入れる

2
糸をかけて２目一緒
に裏目を編む

3

左上３目１度　⟨木⟩

1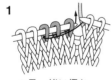
３目一緒に編む

2

右上３目１度　⟨木⟩

1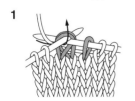
１目を編まずに手前から針
を入れて右針に移し、次の
２目を一度に表目で編む

2 左上
2目一度　　かぶせる　編まずに
右針に移す
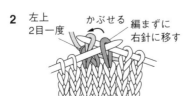
移した目を編んだ目に
かぶせる

3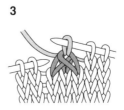

中上3目1度　⟨⋏⟩

1
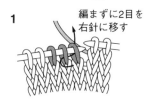
編まずに2目を
右針に移す

2目に右針を左側から入
れ、編まずに移す

2

表目を
編む　　かぶせる

3目めは表目を編み、右針
の2目を一緒にかぶせる

3
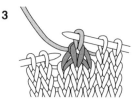

右上1目交差　⟨⋈⟩

1
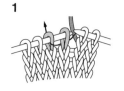

右針を次の目の後ろを通っ
て矢印のように1目とばし
て入れ、表目を編む

2
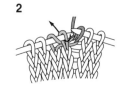

とばした目を表目で
編む

3
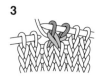

左針から2目をはずす

左上1目交差　⟨⋈⟩

1
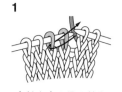

右針を次の目の前を
通して矢印のように
1目とばして入れ、
表目を編む

2
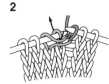

とばした目を表目で
編む

3

左針から2目をはずす

左上1目交差（中央に裏目1目入る）　⟨⋈⟩

1
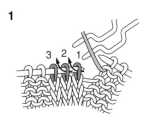

1、2の目を2本の縄編み
針に移し、向こう側におく

2
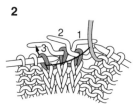

3の目を表目で編む

3
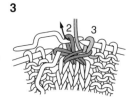

2の目を1の目の向こう
側で裏目に編む

4
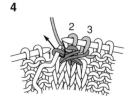

1の目を表目で編む

5
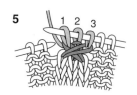

右上2目交差 ▓

1

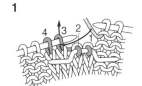

縄編み針に2目移して
手前におき、次の2目を
表目で編む

2

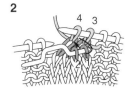

縄編み針の目を表目で
編む

3

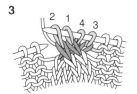

左上2目交差 ▓

1

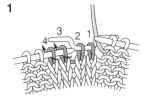

縄編み針に2目移して
向こう側におき、次の2
目を表目で編む

2

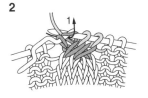

縄編み針の目を表目で
編む

3

右上3目交差 ▓

1

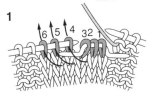

縄編み針に3目移して
手前におき、4・5・6の
順で表目で編む

2

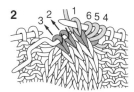

縄編み針の目を1・2・
3の順で表目で編む

3

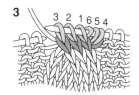

左上3目交差 ▓

1

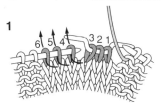

縄編み針に3目移して向こ
う側におき（1・2・3）、次の3
目（4・5・6）を表目で編む

2

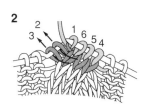

縄編み針の目を1・2・
3の順で表目で編む

3

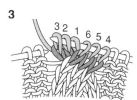

右上3目と1目交差　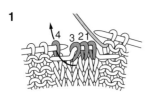

1

縄編み針に3目移して手前にお
き、次の1目（4）を表目で編む

2

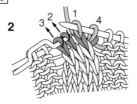

縄編み針の目を1・2・
3の順で表目で編む

3

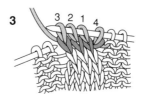

左上3目と1目交差　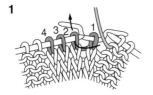

1

縄編み針に1目移して向
こう側におき、次の3目
（2・3・4）を表目で編む

2

縄編み針の目を表目で
編む

3

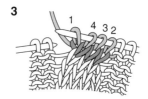

右上1目と3目交差　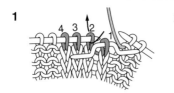

1

縄編み針に1目移して
手前におき、次の3目
（2・3・4）を表目で編む

2

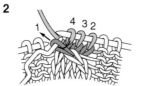

縄編み針の目を表目で
編む

3

左上1目と3目交差　

1

縄編み針に3目移して
向こう側におき、次の1
目（4）を表目で編む

2

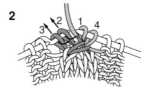

縄編み針の目（1・2・3）
を表目で編む

3

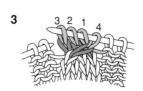

右上ねじり1目交差（下側が裏目）　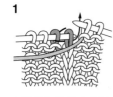

1

右針を矢印のように
入れ、引き出す

2

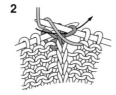

右針に糸をかけて矢印のよう
に糸を引き出し、裏目を編む

3

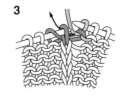

矢印のように右針を入れ、
ねじり目の表目で編む

4

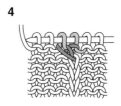

左上ねじり1目交差（下側が裏目）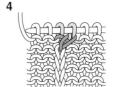

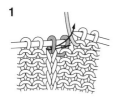

1

矢印のように右針を
入れ、引き出す

2

右針に糸をかけて矢印
のように糸を引き出し、
ねじり目の表目を編む

3

矢印のように右針を
入れ、手前の目を裏目
で編む

4

ラトビアンブレード

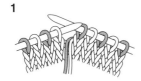 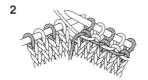 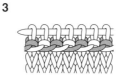

1

前の段を2色で交互に表
編みをし、段の終わりで
糸を2本とも手前に出す

2

次の段（ラトビアンブレード）は、
1目ごとに糸の下から前の目の次
の色の糸を出し、裏編みをする

3

ダブルラトビアンブレード（往復編みの場合）

※ラトビアンブレードは編むうちに2色の糸がねじれてくるので時々ねじれ（からんでいる）をとりながら編む

1

下から糸を出すように
して裏目を編む

ラトビアンブレードを編む

2

下から糸を出すようにして
表目を編む

次の段で往復編みで編む
糸を編み地の表側に置いたまま、
表目で糸を手前の糸の下から出
すようにして編む

>>>>> 表側から見ると、左図のような模様になる

すくいとじ

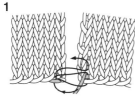 

1

2

棒針に針がかかっている目の引き抜きはぎ

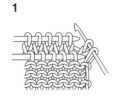 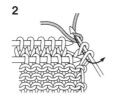 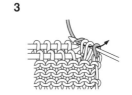 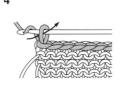

1

編み地を中表に合わせ、
手前と向こう側の端の目
にかぎ針を入れる

2

はぐ糸が向こう側の編み
地の端にくるようにして
糸をかけ、2目を引き抜く

3

次からは手前と向こう側
にかぎ針を入れて糸をか
け、3目一度に引き抜く

4

最後の目をはぎ、かぎ
針に残った目から糸を
引き出して、糸を切る

●かぎ針編み

輪の作り目

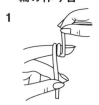

1

左手の人差し指に
糸を軽く2回巻きつける

2 **3** **4**

指から輪をはずし、2本の糸をすくいながら
必要な目数を編む

くさり編み ◯

1

矢印のように
針に糸をかける

2

針にかかった目の
中から糸を引き出し
1目めを編む

3

糸をかけて針に
かかった目の中から
糸を引き出し
2目めを編む

細編み ✕

1

2本の下

前段に針を入れ
針に糸をかける

2

かけた糸を手前に
引き出す

3

針に糸をかけ、一度に引き出す

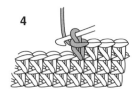

4

1目の出来上がり

中長編み ⊤

1

糸をかけて前段の編み目の
鎖に通し、糸を引き出す

2

針に糸をかけ
一度に引き抜く

長編み ⊤

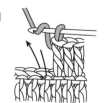

1

糸をかけて前段の編み目の
鎖に通し、糸を引き出す

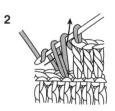

2

糸をかけて引き出す
※玉編みはここまで

3

もう一度糸をかけて
引き出す

かぎ針の長々編み

1
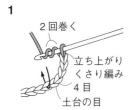

2回巻く
立ち上がり
くさり編み
4目
土台の目

針に糸を2回巻き、前段の編み図の頭くさり2本に針を入れる

2

くさり2目分の高さの糸を引き出し、針にかかっている輪を2本ずつを引き抜く

3

4

5

長編みの2目玉編み

1 **2**

前段の同じ目に未完成の長編みを2目編む

3 **4**
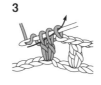

一度に引き抜く

ダブルチェーンステッチ

1

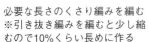

必要な長さのくさり編みを編む
※引き抜き編みを編むと少し縮むので10%くらい長めに作る

2

必要な長さのくさり編みを編んだら、くさりの裏山を拾って引き抜き編みをする

3

● 刺繍の刺し方

レイジーデイジーステッチ
1 **2**

アウトラインステッチ
1 **2**
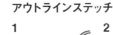

チェーンステッチ
1 **2**
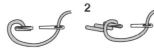

ブランケットステッチ
1 **2**
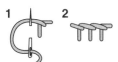

ストレートステッチ
1 **2**
1出
2入

フレンチナッツステッチ
1 **2** **3**
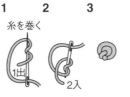
糸を巻く
1出
2入

バリオンステッチ
1 1出＼3出 **2** 4糸を巻く
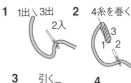
2入
3
1 2
3 引く **4**

2
5入

クロスステッチ
1 3出 2入 **2**

1出
4入

※バリオンローズステッチは、バリオンステッチを花の形に刺す

Profile

伊吹 広子 Hiroko Ibuki

手芸家・ニットデザイナー。14 歳からロンドンに滞
在し、海外の手芸に親しむ。帰国後、手編み指導員
となり手芸雑誌、NHK の手芸テキストなどで活躍。
繊細なテクニックと独創的な色合いに定評がある。
93 年から東京、京都、上海で個展を開催。自宅兼
アトリエや毛糸専門店、カルチャーセンターでワーク
ショップを開催。著書にニット本 3 冊、ラグ本 1 冊、
あみぐるみ本 1 冊がある。
http://love-live-laugh.cocolog-nifty.com
Instagram：@hirokoibuki

素材協力

株式会社ダイドーフォワード
パピー
東京都千代田区外神田 3-1-16
ダイドーリミテッドビル 3 階
tel.03-3257-7135
http://www.puppyarn.com

ディー・エム・シー株式会社
東京都千代田区神田紺屋町 13 番地
山東ビル 7 階
tel.03-5296-7831
http://www.dmc.com

ユーロ・ジャパン・トレーディング・カンパニー
72 Glebelands Close, London, N12 0AL, UK
tel.050-313-60606　IP phone
（日本時間 16 時以降）
https://www.eurojapantrading.com

製作協力

岡原千春　はやしみゆき

ピンクッションかご製作
BasketMoon
Instagram：@basketmoon_kagoami

Staff

撮影　福井裕子
デザイン　橘川幹子
モデル　宮崎たま子
作図　齊藤真理（ATELIER MARIRI.）
編集　恵中綾子（グラフィック社）

撮影協力

UTUWA
東京都渋谷区千駄ヶ谷 3-50-11
明星ビルディング 1 階
tel.03-6447-0070

フラワーニッティング
棒針で編む かわいい花と実のモチーフ 100

2023 年 10 月 25 日　初版第 1 刷発行
2023 年 12 月 25 日　初版第 2 刷発行

著　者：伊吹広子
発行者：西川正伸
発行所：株式会社グラフィック社
　　　　〒102-0073
　　　　東京都千代田区九段北 1-14-17
　　　　tel.03-3263-4318（代表）
　　　　　　03-3263-4579（編集）
　　　　fax.03-3263-5297
　　　　https://www.graphicsha.co.jp

印刷・製本：図書印刷株式会社